Poems for the Penniless

Poems for the Penniless

ISSA G SHIVJI

*TRANSLATED BY
IDA HADJIVAYANIS*

an imprint of Daraja Press

Published by Daraja Press
https://darajapress.com
fasihi is an imprint of Daraja Press

© Issa G Shivji 2019

All rights reserved

Translated by Ida Hadjivayanis

Khalsa Lakhvir-Singh

ISBN 9781988832173 (softcover) | ISBN 9781988832180 (ebook)

Library and Archives Canada Cataloguing in Publication

Title: Poems for the penniless / Issa G. Shivji ; translated by Ida Hadjivayanis.
Names: Shivji, Issa G., author. | Shivji, Issa G. Poems. Selections. | Shivji, Issa G. Poems.
    Selections. English. | Hadjivayanis, Ida, translator.
Description: Poems in Kiswahili and English; poems originally written in Kiswahili are followed by
    English translation.
Identifiers: Canadiana (print) 20190094869 | Canadiana (ebook) 20190099216 | ISBN   9781988832173 (softcover) | ISBN 9781988832180 (ebook)
Classification: LCC PL8704.S55 A2 2019 | DDC 896.3921/3—dc23

Praise for Poems for the Penniless

Poetry is not a unique form, it is an idea, a soul and thoughts created in a unique way. Hence, the poetry of Issa Bin Mariam (Issa Shivji) is not writing that pretends to be poetry, it is poetry that make us think of the soul of our existence through a unique way. *Mashairi si umbo la kipekee, ni fikra na roho na mawazo yaliyoumbwa kwa njia ya kipekee. Kwa hivyo mashairi ya Issa Bin Mariam (Issa Shivji) si maandishi yanayojifanya kuwa mashairi, ni mashairi yanayotufanya tufikirie roho ya maisha yetu na njia ya kipekee.*

Ngũgĩ wa Thiong'o, Distinguished Professor of English and Comparative Literature, University of California, Irvine

Professor Issa Shivji, a lawyer by training, insists that he is not a poet; but this brilliant and enticing collection of poetry and poetic-prose sharply disagrees. The pieces are a power house – at once compelling, fascinating and engaging. Offering versions of Kiswahili and English without revealing which poem was originally written in what language, it is as if the poet is insisting on engaging the two languages in simultaneous dialogue with each other.
Mĩcere Gĩthae Mũgo, Emeritus Professor, Syracuse

Without a doubt, this collection of 82 poems is a worthy read by everyone, because it covers a vast and diverse range of human experiences, existence, exigencies and imperatives across time and space. It is dialectically expressive and poignant in straddling the conditions, values and behaviors of those at the top and at the bottom of the inequality pyramid. And, the messaging and substance cover freedom, solidarity, comradeship, celebration, and memories of the socio-political sagacity and insanities in our world. ... Professor Issa Shivji has produced a poetry collection with excellent imagery and rhythm, that breaks new ground in poetry and will likely set the stage for a whole new generation of poetry that amplifies the voices of the penniless as well as commemorate the transformational figures who accompany them in their struggles.

Akwasi Aidoo, Senior Fellow, Humanity United

Usiwaze pumzi iliyomo katika maisha
Waza maisha yaliyomo katika kila pumzi

~~~

Think not of the breath that is in life
Think of the life that is in each breath

(Translation from a song in an Indian movie Munna Bhai MBBS)

Contents

Foreword   xiii
Mĩcere Gĩthae Mũgo

In lieu of an Introduction   1
Issa G Shivji

Translator's notes   4
Ida Hadjivayanis

Part I. The poet

Shairi (Poem)   9
Utambulisho wangu (My identity)   10

Part II. Hamba Kahle

Buriani Chachage (Farewell Chachage)   15
Buriani Mzee Duncan: Kwa Nini? (Farewell Mzee Duncan: Why?)   21
Harubu (Farewell to a friend Haroub Othman)   28
Comrade Ho   32
Sitaomboleza (I will not mourn)   34
A baobab has fallen (tribute to Samir Amin)   40
Sam You Live   41
Nguzo imeanguka (A pillar has fallen)   43
Barua kwa wapendwa wanafiki (A letter to beloved hypocrites)   46

Part III. Kila la heri

Kila la heri mwanangu mpendwa (Wishes for my loving child)	51
Kwa Rafiki yangu, Kamaradi Georgios (To my friend, Comrade Georgios)	55
Kamaradi Ndimara nakupongeza sana (Congratulations Comrade Ndiimara)	57
Siigigizi, sitanii (Neither acting nor joking)	61
Response from Ndimara Tegambwage	
Ewe Ngugi wa Thiong'o (O brother Ngugi wa Thiong'o)	67
Ndugu yangu Abdilatifu (Abdilatifu my brother)	69

Part IV. They have robbed us

Agizo (Order)	73
Response from Nizar Visram	81
Response from Ng'wanza Kamata	82
Reply to Ng'wanza Kamata	85
Response from Demere Kitunga	89
Police	92
I went to court	93
The almighty law	96
Darisalama I (Dar es Salaam I)	98
Darisalama II (Dar es Salaam II)	99
Darisalama III (Dar es Salaam III)	101
Adimu (Shortages)	103
Starvation	104
Msinitukane! (Do not insult me!)	105
Kijiweni (At the Rock)	107
Ya jiweni (Of rock and talk)	108
Romance with power	110
Uchaguzi wa Kenya (Kenyan elections)	111

Wametuibia (They have robbed us)	112
Uzalendo umeleweshwa (In patriotic delirium)	113
Truth from above stinks	114
'We the people'	115
Barua kwa mpenzi wangu (Letter to my lover)	116
Twiga Katoroka, kajiheshimu (The Giraffe has escaped, with its respect dignity)	129
Twiga katua, hewani (The Giraffe has landed, on air)	133
Machozi yakamtiririka (And tears streamed down)	136
Sisi kwa sisi (Between us)	139
Kill an idea!	142
Read while riding	143
Writer	144
Peace	145

Part V. Hopes and fears

Hope	149
Masikitiko (Grief)	150
Najidadisi (Self-critical)	151
If I were human	152
Seize the hour	153
Salamu za asubuhi (Good morning)	154
Uniimbie (Sing for me)	155
Hoja (Opinion)	157
Nguvu za hoja (Force of argument)	159
Fikra mgando (Retrogressive thoughts)	160
Mwaka mpya I (New Year I)	161
Mwaka mpya II (New Year II)	163
Happy New Year	164
Prejudice	165
Niko gizani (I'm in the dark)	166

Sing for me	168
Nawaza! (I think!)	169
Akili (Intellect)	170
Sijachoka (I'm not tired)	171
Nimechoka? (Am I fed up?)	172
mara nalia (I cry)	174
Usinipoze hasira (Don't console me)	176
Chunguzeni maradhi (Investigate the disease)	177
Lugha ya ukimya (Language of silence)	178
Stand up!	180
Njoo 2019, njoo (Come 2019, come)	181
Bendera-mbili zangu (My two flags)	183
Sauti ya unyonge haizuiliki (The cry of the oppressed can't be suppressed)	184
Huzuni (Sorrow)	186

Part VI. On South Africa

Ubaguzi wa ukaburu (Apartheid in the Boerland)	191
Serene and obscene	192
Colourconscious	193
Anguish at Sea Point	194
Ya Ujiweni na Ukaburu (Of Homeland and Boerland)	195
Zimbabwe	198
Author and translator biographies	199
Other titles from Daraja Press	200

Foreword

MĨCERE GĨTHAE MŨGO

Professor Issa Shivji, a lawyer by training, insists that he is not a poet; but this brilliant and enticing collection of poetry and poetic-prose sharply disagrees. The pieces are a power house – at once compelling, fascinating and engaging. Offering versions of Kiswahili and English without revealing which poem was originally written in what language, it is as if the poet is insisting on bringing the two languages face to face in simultaneous dialogue with each other. In my view, however, the Kiswahili versions register the greatest impact and immediacy. They are enticing and irresistible: subtle; linguistically inventive; strategic in their employment of multiple layered diction that is at once strategic, suggestive, dialectical and double-edged in meaning.

Further in terms of form, the poet displays a true grasp of critical African orature poetic ethics and aesthetics – whether consciously or intuitively. His artistic patterning of thoughts and rhythmic flow of ideas speak to an orate composer whose art enjoys ultimate consummation in performance, or at the very least, recitation. His deft usage of balance and antithesis provides a dialectical interpretation of already padded and layered statements. Thriving in wit, allusion, riddle-like utterances and sometimes sharp sarcasm, the poet employs cunning "play-upon-words" to add to both the delight and complexity of the message conveyed. The shorter compositions – some of them haiku-like – abound in these artistic techniques. Many of the longer poems – particularly those memorializing friends and comrades who have passed on – remind us of African Orature praise songs. The other technique that the poet uses to great effect is purposeful repetition, which not only adds to the performability of the pieces, but invites audience participation. In sum, the bulk of poems in this volume insist on coming down from the bookshelf and being performed through the mediums of dramatization, verse-speaking or chorus-poetry recitation and even, through song, dance and music.

Content-wise, the poet's overall message and vision belong to the socialist realist tradition. He is using poetry/composition not as "art for art's sake," but as a vehicle for: naming, as well as denouncing sites of oppression; celebrating resistance against dehumanization and carving avenues of hope that will ultimately lead to the creation of an alternative, more humane world, where limitless **utu** will flower, unhindered by persisting assaults on the "penniless" by the Corporate Global Market.

If one of the tasks of liberating art is to conscientize, even as it conjures visions of optimism and hope to humanity, the poetry in this collection has accomplished that – and much more.

Mĩcere Gĩthae Mũgo, PhD
Emeritus Professor of Teaching Excellence
Department of African American Studies,
Syracuse University
Syracuse, NY

March 21, 2019

In lieu of an Introduction

ISSA G SHIVJI

These poems were written at different times in different circumstances but at all times giving vent to personal anguish and political anger. Where prose curtails, poem liberates. Freedom has always a way of expressing herself. At times she may lie low; at other times she may surge but at all times she is restless—never submitting to restraint. If she can't politely conceal herself in prose, she will burst forth in poem.

Prose tells us personal is political. Poem reminds us that in personal anguish sits political anger. Such has been the state of the writer in writing poems of valediction of his departed comrades or valour of living ones. Such has been the state of the writer in times of ideological sophistry and political vulgarity. Prose hides coercion in the language of consent; poem exposes its nakedness in the song of sentiment—sentiment of freedom. Let no prose deceive you. At all times, human quest for freedom is emotional, sentimental, romantic, spiritually sacred, materially exhilarating.

The preceding two paragraphs adumbrate the state of the author's emotions as he penned these poems in circumstances not always politically propitious or personally ameliorating. A poet by definition is a public intellectual. As such he is constantly under pressure—subtle but substantive—of well-meaning friends and family to cool down, to "play safe", not to tempt the wrath of wielders of power, for a critical public intellectual committed to speaking truth to power places herself/himself in the firing line. The first instinct of the powers-that-be is to fire first and think later, if at all. So is life; so is struggle. Indeed, so is the tension between *freedom* and *unfreedom*. The choice is the poet's: to exercise his freedom to expose the unfreedom of others, or to secure his at the expense of the others'.

> Shairi Shairi
> Shairi Njoo
> Hisia kolea
> Uongo komea

> Poem Poem
> Welcome poem
> Stir emotion
> Stop deception

Poems are clustered under several headings to provide a context. The majority of the poems were written originally in Kiswahili. The Kiswahili originals are followed by English translations . The few poems in English have, however, not been translated into Kiswahili.

During his political life of some five decades, the author forged political and personal bonds with some fine comrades and friends. Laws of nature have no respect for the vagaries of life resulting in the author losing a dozen or so of his close comrades. In the first section, he combines personal agony at the loss while taking stock of his comrades' contribution. In paying tribute to a departed comrade, I guess, one is reminding oneself and others of the tasks ahead. In the same vein, there are a few poems communicating the sentiments of love and affection with living friends expressing nostalgia over the days bygone.

The second section *They have robbed us*, is indeed about the robberies of the freedom, resources and dignity of the people as the country transitioned from the nationalist to the neo-liberal phase. History has taught us over and over again that no foreign pirates across the oceans can perpetrate their plunder without the collaboration of local accessories, before and after the fact. Given the author's legal training, a few poems muse over the so-called temples of "justice" where the rights of the rich triumph and those of the poor slumber.

Hopes and Fears is a collection of short poems tweeted over the contemporary period of five or so years, now throwing up hands in despair, often betraying fear and occasionally expressing hope in the immanent human capacity to struggle for freedom.

Between September and November 2018, the author and his partner spent a couple of months living in a posh area of Cape Town called Sea Point. This was a first hand experience of the death of (racist) apartheid and its reincarnation in the form of (classist) neo-apartheid. Exhilarating though was the persistence of the townships that often flooded the streets in a relentless struggle against shameless oppression and wanton exploitation summed up at the time in the expressive phrase *zupta*. (At that time "honourable" Zuma was the president of the republic and the scandalous dealings of the Gupta family were reported daily in the press.)

Finally I must pay my debts. It is never pleasant to pay one's debts in a capitalist society yet friendship is, hopefully, one area where voracious capital has not yet penetrated. It is therefore a great pleasure to pay one's debts. In Ida Hadjivayanis I had a passionate and an amiable translator. I was doubly happy when Ida agreed to translate my poems because I had the pleasure of receiving her when she was born to my close comrades Salha and George.

My friend Firoze[1] was the first one to suggest that I publish my poems and that he would do it. It was never on my mind when I was writing them nor did I think they were publishable. But Firoze is not averse to risk-taking! I hope this time around the publication of *The Penniless* would turn out to be a worthy risk.

I deeply appreciate my friends, Ndimara Tegambwage, Nizar Visram, Ng'wanza Kamata and Demere Kitunga who responded to some of my poems and readily agreed to have them published in this book.

My gratitude to my partner Parin is eternal. Without her critical and strategic support I could not have done what I have over the last four decades of our lives together. My daughter Natasha and my son Amil have never flinched in their support, advice and encouragement. Theirs has always been a ray of hope during those dark days, which no living being can avoid.

Issa G Shivji
Dar es Salaam
March 2019

---

1. Firoze Manji is publisher of Daraja Press.

Translator's notes

IDA HADJIVAYANIS

I have had the privilege of knowing Issa Shivji, one of the greatest academics Africa has produced, my parents' comrade and our great family friend, all my life. Discovering *Issa bin Mariam,* the poet, has been overwhelmingly humbling. His poems have gradually enabled me to re-engage with a world that I had at times lost sight of and, at times, taken for granted.

Issa's poetry, often presented in ordinary Swahili, brings forth the reality of a world view that is fundamental in understanding humanity, rights, freedom, political power, the nation and many other concepts that we face today. The poems can be understood by all but are also deceptively simple. A closer reading unveils nuances that need our imagination to be pushed a little for us to truly appreciate what has been created.

One poem that is superficially simple is 'Uniimbie' – 'Sing for me'. I read this poem as a rejection of what may be considered as 'the norm' in Issa's society. Issa does not want to hear the traditional *tenzi* and its praises, he wants to hear about the raw feelings of those that he calls 'the penniless'. He yearns for a life where electricity, perceived as a basic need all over the world, is no longer a luxury in his homeland. He wants to see the cockroaches scatter. In translation, I had to bring across the poet's rejection of the familiar, make the global citizen reading this poem understand that, 'feeding the meter' is a daily struggle and reality, that human dignity is not a given. And the hope is that we will all ask ourselves, who are those cockroaches that the poet prays will scatter.

Implicit in translation is the assumption that something is lost when a text is carried across from one language, one culture, one reality into another. This has happened. Puns and rhymes were often very hard to bring across. This is why footnotes have been used. In the poem 'barua kwa wapenzi wanafiki' – 'A letter to beloved hypocrites' – there are some powerful paradoxes or figures of speech and rhymes that get lost.

Nawaachia jamii ya waastarabu-wanafiki
Mundelee kurubuni mazuzu wastahiki
Kwa heri za kuonana, wakarimu
Kwa heri za kuoneana, wadhalimu."

I leave you with this society of the civilised-hypocrites
So they may continue to swindle the deserving
Farewell till we meet again, the benignant
Farewell till you ill-treat again, the draconian

Translating culture specific items and concepts has always been a significant process in translation. Translators would normally need to *foreignize*, where the reader is introduced to the non-familiar, or they may *domesticate* where the content is familiar for the reader. Historically, the latter strategy has been the preferred one for translations into Swahili. In this translation, both strategies have been applied. There are terminologies such as 'togwa', a fermented sorghum drink, the soda equivalent for the working class, culturally loaded, which are left as they are in Swahili. Another term, 'Kijiweni', which means 'at the corner stone', has been translated as 'Rockhood'. This has been purposefully done to preserve the idea of a 'stone- rock' as well the fact that the meeting place is in a given neighbourhood.

It is my hope that *Poems for the Penniless* will challenge us all to think about the world around us, how we live and what we are capable of.

Ida Hadjivayanis
London, *March 9, 2019*

PART I
THE POET

Shairi (Poem)

shairi sio mada
mshairi sio kada
shairi ni hisia
halina majibu
halina utaratibu
shairi hutekenya
hisia zilizojificha
uvunguni na mbinguni

~~~

Poem

A poem is not a leitmotif
A poet is not a cadre
A poem is emotion
It has no response
It has no formula
A poem tickles
Hidden emotions
In closets and high in the skies

August 31, 2017

Utambulisho wangu (My identity)

utambulisho wangu
ni mamang'u
aliyeninyonyesha
aliyenilea
aliyenidekeza
aliyenibembeleza
halali
kabla sijalala
hajala
kabla sijala
anaficha mateso yake
ili nisihuzunike
anatabasamu
ijapo anauma
anavumilia
kilio changu usiku kucha
akatembea miguu wazi
ananitafuta mitaani
akihofia usalama wangu
baba alipofariki
nikaeleza kisomi
kanuni za *dialectics*
mama alipoaga
nikalia la utotoni
mtu mzima wa miaka 40
Pala kanisitiri
'Issa! sasa umekua'

My identity

my identity
is my mother
who nursed me
who raised me
who indulged me
who pampered me
never sleeps
before I sleep
never eats
before I eat
hides her suffering
to keep me cheering
smiles
despite being pained
tolerates
my nightly cries
and she walked barefoot
searching the neighbourhood
fearful for my safety
when dad passed
I consoled intellectually
principles of *dialectics*
when mom departed
I wept like a child
an adult of 40
Pala[1], my friend, wise cracked
'Issa, now you've matured'

August 27, 2017

---

1. A friend Palamagamba Kabudi's nickname.

PART II
HAMBA KAHLE

Buriani Chachage (Farewell Chachage)

Ndugu yangu
Rafiki yangu
Kamaradi Chachage:

Nani kasema umetuacha?
Eti umefariki!

Kwani mwili ndiyo maisha?

Maisha ni fikra.
Maisha ni vitendo.
Maisha ni ubinadamu.
Fikra zako,
Vitendo vyako,
Ubinadamu wako,
Utadumu.
Leo, kesho, keshokutwa na milele.

Vitendo vyako tutavienzi,
Ubinadamu wako tutauiga,
Fikra zako tutazieneza.

Msomi wa Afrika,
Mtetezi wa wanyonge,
Mshabiki wa fikra za kitabaka,
Tabaka la wavujajasho.

Nimetumwa.

Nimetumwa na Wasomi wenzako
Wa Afrika kupitia CODESRIA,
Nikuletee Salaamu zao.

Wameniambia, nikuage.
Nimekataa.
Sikuagi.

Nitakusindikiza tu.

Uwaone Wazee Wako,
Majirani zako,
Watu wema wa Njombe.

Uchanganyike na viumbe
Wa ardhi na bahari,
Viumbe visivyo na ubaguzi,
Mipaka,
Unyonyaji,
Ukandamizaji.

Uwashawishi,
Wafundishe wanadamu
Maana ya ukombozi.
Kama ulivyokuwa unatufundisha sisi
Daima.

'Ewe Issa, kwani, Shivji siyo mwana wa adamu?',
Ukanitania,
Ukichota kutoka hazina ya ucheshi wako
Bila uchoyo.

'Umejipachikia majina haya yote ya Miungu!
Mlimbikazi, we Issa!'

'Mungu wa Waislamu
Na Mungu wa Wakristo,
Mungu wa Wahindu
Na Mungu wa Wasambaa.

Unataka wapigane?
Wachinjane.
ETI moja ni –a,
Mwingine ni –ji!'

'Futilieni mbali ushenzi wenu wa kubaguabagua!', ukakasirika.
'Unganeni kujikomboa', umetusihi,
'kutoka kwa makucha ya ubeberu na ubepari,
Unyonge na udhalilishaji.'

Buriani ndugu yangu,
Buriani rafiki yangu,
Buriani Kamaradi Chachage.

Ufike salama.
Upumzike na Viumbe visivyonyumbishwa
Na vituko vya Wanaadamu.

Nakuahidi.
Nitaufikisha ujumbe wa maisha yako.
Kwa wanaudasa,
Kwa wanacodersia.

Kwa Wana wa Tanzania,
Kwa Wana wa Afrika

Buriani

~~~

Farewell Chachage

My friend
Comrade Chachage:[1]

Who said you have left us?
That you've passed on!

Is the body life?

---

1. Tribute to close friend and comrade Chachage Sethi Chachage who passed on July 1, 2006.

Life is thoughts.
Life is actions.
Life is humanity.
Your thoughts,
Your actions,
Your humanity,
Will live on.
Today, tomorrow, the day after and forever.

We will treasure your deeds,
We will copy your humanity,
We will spread your thoughts.

African scholar,
Defender of the wretched,
Follower of class outlook,
The class of those who sweat.

I have been sent.

I have been sent by your fellow scholars
Of Africa from CODESRIA,[2]
To bring forth their greetings.

They have asked me to bid you farewell.
I refuse.
I will not bid you farewell.

I will just walk with you.

To Meet Your Elders.
Your neighbours,
The good people of Njombe.[3]

---

2. CODESRIA, Council for the Development of Social Science Research in Africa, a pan-african organisation of African intellectuals based in Dakar, Senegal.
3. Njombe, a small town in Iringa region of Tanzania where Chachage was born and buried.

That you may mingle with beings,
Of land and sea,
Beings that do not discriminate,
Without restrain,
Exploitation,
Oppression.

So you may persuade them,
To teach humans
The meaning of liberation.
As you had taught us
Always.

'O Issa, is Shivji not a son of Adam?',
you teased me,
taking from your treasure trove of humour
without greed.

'You stuck on yourself all those Godly names!
What a hoarder, o Issa!'

'God of the Muslims
and God of the Christians,
God of the Hindus
And God of the Sambaa.

You want them to fight?
Slaughter each other?
You say one is –a,
The other is –ji!'

'Get rid of your barbaric discrimination', you got angry.
'Join hands to be free' you insisted,
'from the claws of imperialism and capitalism,
Wretchedness and humiliation.'

Farewell my brother,
Farewell my friend,
Farewell Comrade Chachage.

Arrive in peace.
May you rest with the beings that stand firm
From the dramas of humans.

I promise you.
I will spread the message of your life.
To the scholars of USADA,[4]
And those of CODESRIA

To children of Tanzania,
To children of Africa

Farewell

July 12, 2006

---

4. University of Dar es salaam Staff Association of which Chachage was the Chairman.

Buriani Mzee Duncan: Kwa Nini?
(Farewell Mzee Duncan: Why?)

Mzee wangu, Mzee Duncan.
Miye siyo mtunzi mashuhuri, wa shairi.
Miye siyo mwandishi mahiri, wa riwaya.
Kwa kuomboleza kifo cha mzee wangu,
Sihitaji kuwa msanii.
Moyo wangu unadunda, unaimba.

Sauti anapepesuka,
Shairi anasusiya,
Riwaya anasononeka,
Wimbo anagomba.

Wasanii wamekuja juu,
Wote kwa sauti wananikaripia:
"Wee fidhuli wee,
Usitufedheheshe,
Usituaibishe.
Eti, unajifanya mtoto wa Mariam,
Kana kwamba unamiliki jina-Issa."

Potelea mbali,
Wasanii na usanii wao.
Leo nitaimba!
Nitajigamba, mimi Issa bin Mariam.
Nitaimba kuomboleza kifo cha Mzee wangu,
Mzee Duncan Getakanoda.

Miongo mitatu iliyopita,
Tulionana, ukiwa kada wa chama,

Huko Kigamboni,
Chuo cha Kivukoni,
Kitovu cha itikadi,
Itikadi ya ujamaa.

Itikadi ukaisoma.
Ukaipapasa kwa undani,
Ukaipindua juu chini,
Ukaibua lukuki ya maswali,
Maswali yasiyo na majibu.

Kwa nini watu wangu, Wadatoga,
(Eti huitwa Wabarabaig!)
Kwa nini, hutekwa ardhi yao?
Kwa nini, hufa na mifugo yao?
Kwa nini, utu wao hudhalalishwa?

Mashamba yao hutaifishwa,
Mashamba yao hubinafsishwa.
Haki zao huponyokwa.
Kwa nini?
Kwa nini, binamu zangu Wamaasai,
Hukosa elimu, afya na maji?
Kwa nini wajomba zangu Wanyaturu,
Hubaguliwa, huadhibiwa kijumla?
Kwa nini?

Ukatembea na miguu,
Ukapanda mabasi,
Ukakodisha magari,
Ukaenda Dodoma.
Ukaonana na viongozi wa chama,
Heshima zao hazikutetemesha.
"Kwa heshima na taadhima,
Nawaulizeni, siwadadisi, nawauliza tu:
Kwa nini watu wangu huteswa?"

Ukapanda mabasi, na matreni,
Ukafika bandari ya salama.

Ukamwuliza Waziri Mkuu,
Ukuu wake haukukutisha.
Ukamuliza: Kwa nini?

Ukawalilia mawakili,
Mashauri ukayafungua,
Ushupavu ukauonyesha.
"Mashamba yetu ya ngano,
Mheshimiwa Jaji,
Yamefukiwa na buldoza,
Makazi yetu yamechomwa,
Jamii zetu zimesambaratishwa.
Je, hii ni haki?"
Kwa nini?

Ushindi wa kimahakama,
Ukawa kilemba cha ukoka.
Ukakamatwa na polisi,
Ukawekwa ndani,
Ukafunguliwa mashtaka,
Eti, umediriki kudai haki za watu wako!

Mwanafunzi makini,
Mzee Ducan kajifunza,
Somo la awali:
"Naam. Wakubwa ni wakubwa!
Maslahi yao siyo yangu,
Maslahi yangu siyo yao."

Akajiunga na HAKIARDHI,
Umoja ni nguvu, chombo ni muungano.
Mnyonge hana kabila,
Hana rika,
Hana jinsia,
Ana unyonge tu.

Hukuchoka, hukukata tamaa.
Vijana ukawashawishi,
Wazee ukawaunganisha.

Mapambano siyo lelemama,
Umoja wetu, ndiyo mkuki wetu.
Chombo chetu, ndiyo ngao letu.
Buriani mzee wangu,
Mzee Duncan Getakanoda.
Kwa moyo mzito,
Anakuaga Issa bin Mariam.
Nenda salama, upumzike mahali pema.

Somo lako tutalifundisha,
Kamwe hatutalisahau.
Mapambano ni marefu,
Undani wake mjielewe,
Upana wake mjitambue.
Kamwe msisalimu amri,
Mbele ya ukatili, ukandamizaji na dhuluma.
Dhuluma ni adui,
Adui wa Wana wa Adamu.

~~~

Farewell Mzee Duncan: Why?

My elder, Mzee Duncan.[1]
I am not a famous poet.
I am not a renowned novelist.
To mourn the passing of my old man,
I do not need to be an artist.
My heart beats, my heart sings

The voice trembles,
The poem abandons,

---

1. Duncan was a land activist working together with the author in the Land Rights and Resources Institute (HAKIARDHI) founded by the author together with his two friends Georgios Hadjivyanis and Wilbert Kapinga.

The novel is tormented,
The song reprimands.

The artists have risen,
Loudly, they scold me:
"You arrogant one,
Do not embarrass us,
Do not shame us.
Pretending to be the child of Mariam,
As though you own the name – Issa."

Forget it,
The artists and their art.
Today I will sing!
I will proclaim, I am Issa son of Mariam.
I will sing to mourn the death of my old man,
Mzee Duncam Getakanoda.

Three decades ago,
We met, whilst a party cadre,
At Kigamboni,
The Kivukoni college,
The centre of ideology,
The Ujamaa ideology.

You read that ideology.
Caressed it from within,
Turned it upside down,
And came up with a multitude of questions,
Questions that have no answers

Why are my people, Datoga,
(supposedly called Barabaig!)
Why, is their land confiscated?
Why, do they die with their livestock?
Why, is their humanity humiliated?

Their farms nationalised,
Their farms privatised,
Their rights seized.

Why?
Why do my cousins the Maasai,
Get no education, health and water?
Why do my uncles, the Nyaturu,
Get discriminated, collectively punished?
Why?

You walked on foot,
Rode on buses,
Hired cars,
Went to Dodoma.
Met party leaders,
You did not tremble at their exalted status:
"With all due respect, and protocol,
I ask you, I do not question you, I simply ask you:
Why are my people persecuted?"

You went on buses, and trains,
And arrived at the port of peace.
And asked the Prime Minister,
Not scared by his primeness.
You asked him: Why?

You beseeched lawyers,
Solicited advice, opened cases
Showing bravery.
"Our wheat farms,
Your Honour,
Have been flattened by the bulldozer,
Our homes burnt,
Our communites dispersed.
Is this right?"
Why?

The court victory,
Was idle flattery.
You were caught by the police,
Thrown into cell.

Charged,
For daring to fight for the rights of your people!

A keen student,
Mzee Duncan learnt,
The first lesson:
"Yes, the powerful are powerful!
Their interests are not mine,
My interests are not theirs."

He joined HAKIARDHI,
Unity is strength, organisation is the tool.
The wretched have no clan,
Have no age peers,
Have no gender,
They only have deprivation.

You did not tire, you did not give up,
You mobilised the youth
You united the elders.
Struggle is not a tea-party,
Unity is our spear,
Organisation our shield.
Farewell my old man,
Mzee Duncan Getakanoda.
With a heavy heart,
Issa son of Mariam says farewell.
Go well, rest in peace.

We shall teach your lesson,
Never shall we forget it.
The struggle is long,
Its essence, we must know,
Its expanse, we must recognise.
Never surrender,
To injustice and oppression.
Injustice is the enemy,
The enemy of humankind. [*June 3, 2008*]

Harubu
(Farewell to a friend Haroub Othman)

Ndugu yangu, rafiki yangu, kamaradi Harubu:

Sitaomboleza kifo chako;
Sitatoa salamu za rambirambi.
Tumelia vya kutosha,
Tumehuzunika vya kutosha.
Tumesononeka, tumelalamika:
Ewe Muumba,
Kwa nini unatupora watu wetu wema?
Kwa nini?
Eti ulimpenda zaidi ya sisi,
Kwani upendo wetu una kikomo?

Sasa basi:
Mamia tumekutana Nkrumah,
Maelfu wametega masikio,
Moshi, Miatu na Mbezi.
Sio kuomboleza, wala kulia, wala kulalamika.
Bali kusherehekea.
Kusherehekea maisha yako,
Fikra zako,
Msimamo wako.

Kusherehekea maisha yako, Harubu,
Mwana wa Miraji,
Mwana wa Zanzibar na Tanzania,
Mwana wa Afrika.

Tunasherehekea fikra zako,
Tunatamani kuchota kutoka busara zako,

Hekima yako,
Mtazamo wako.

Fikra zako za uungwana,
Fikra zako za ukombozi,
Ukombozi wa wanyonge,
Ukombozi wa mwana wa Adamu.

Fikra zako zisizotingisika,
Kupinga dhuluma na ufisadi na ubeberu.
Fikra zako za kutetea,
Haki za wanyonge.

Harubu, umetoweka bila kutuaga.
Hatulalamiki, hatukulaumu.
Kwani, kila pumzi la uhai wako,
Ulikuwa na ujumbe na nasaha.

Enyi makamaradi, wana wa harakati.
Katika medani ya mapambano,
Hakuna kuaga wala kuagana.
Hakuna muda,
Hakuna anasa,
Ya porojo za kuaga na kuagana.

La kesho, tendeni leo.
La siku, tekelezeni kwa saa.
Mapambano sio lelemama.
Ukombozi sio usanii.

Buriani ndugu yangu,
Rafiki yangu,
Kamaradi Ho.
Kwa heri za kuonana.

Harubu—Farewell to a friend Haroub Othman

My brother, my friend, Comrade Harubu:

I mourn not your death;
I give no condolences.
We have cried enough,
We have agonised enough.
We have grieved, we have complained:
O Creator,
Why are you robbing us of our good people?
Why?
So, it is that you loved him more than we,
As if our love has a limit?

Now then:
Hundreds of us met at Nkrumah,
Thousands lent their ears,
Moshi, Miatu and Mbezi.
Not mourning, nor crying, nor grumbling.
But celebrating.
Celebrating your life,
Your thoughts,
Your stand.

To celebrate your life, Harubu
Son of Miraji,
Son of Zanzibar and Tanzania,
Son of Africa.

We celebrate your thoughts,
We wish to draw from your wisdom,
Your sagacity,
Your outlook.

Your thoughts of chivalry,
Your thoughts of liberation,
Liberation of the weak,
Liberation of Adam's children.

Your unshakeable thoughts,
Resisting tyranny and corruption and imperialism.
Your thoughts on the defence,
Of the rights of the weak.

Harubu, you disappeared without a goodbye.
We are not complaining, we are not blaming you.
For, each breath of your life,
Had a message and counsel.

O comrades, freedom fighters.
In the arena of liberation,
There is no farewell nor parting.
No time,
No luxury,
Of the chitchat of farewell and parting.

Never defer to tomorrow, that of today.
Never take a day, to do that of an hour.
The fight is not a dinner party.
Liberation struggles are not jokes.

Farewell my brother,
My friend,
Comrade Ho.
Till we meet again.

July 15, 2009

Comrade Ho

My dear friend and comrade, Ho.[1]
I shan't write a letter,
I can't.
I shan't sing a song,
Or recite a poem.
'Cause I don't have the talents.
I shall say what I feel,
Deep down in me.

Those were the days,
Of the Vietnam war.
Ho Chinh Minh was your uncle,
My uncle, our uncle.
Demos, sit-ins and boycotts,
Petitions, pictures and panels,
Unclothing war criminals.
People's courts sentenced, public opinion enforced.

Those were the days,
Of Bertrand Russell and Stokely Carmichael,
Sitting in Stockholm,
Hearing napalmed men, women and children.
The public gallery wept, students shouted,
'Down with uncle Sam,
Long live Uncle Ho.'

Your kinship was unmistakeable,
Your Cause was clear.
You stood on the side,
Of the oppressed,
humiliated and exploited.

---

1. Haroub Othman

You proudly signed your name,
with a big 'H' and a small 'o', Ho.

Moderate in language,
Measured in tone.
Civil in demeanour,
Generous in kindness.
Gentle in argument,
Steadfast in disagreement.
That was our Ho.

In Lebanon and Palestine,
In Vietnam and Indonesia.
In Chile and Cuba,
In Iraq and Afghanistan.
In Mozambique, Angola and Guinea Bissau.
Wherever there was oppression and injustice,
Our Ho knew his side.

Imperialism he condemned,
Human rights he upheld.
On union, he stood his ground,
Often stoutly,
Seldom silently.
Unity he applauded,
Secession he feared.

More I say, more I want to say.
But a little more I'll say.
Jenerali wrote:
'Poor Saida!
She wanted to retire.
Now she'll have to unretire,
To lead us from where Haroub left off.'

July 6, 2009

Sitaomboleza
(I will not mourn)

Rafiki yangu, kamaradi Henry Mapolu
Sijaja kukuzika
Sijaja kukuaga
Sitaomboleza
Sitabubujika

Nimekuja na marafiki zetu
Na makamaradi wetu
Kupokea mchango wako
Kujikumbusha mfano wako
Ewe kamaradi!
Unatukumbusha mengi ya usafi, sio ya ufisadi

Uhongo wa kisiasa uliukata,
Hukuenda wilayani
Udisi wa Mzee Ruksa haukufarijisha,
Ukauficha ukayani
Aha! hili halikuwa geni kwako
Kwani ulijiuzulu Uzuoni,
Ukaenda Urafikini

Mwito wako kuinua uelewa wa proletari
Hukujali kutunikiwa uzamili wa profesari
Ulituachia mabepari-chipukizi
Wakicheza ngoma ya ulimbikizi

Tumefika kukuenzi
Kwa fikra na mawazo yako
Kwa mtazamo na msimamo wako
Na weledi usiotetereka
Uaminifu usiopingika

Wapo kina Adamu na Zakia
'Bakileki na Bgoya
Karimu na ukarimu wake
Na Kashiwaki namuona pake

Wapo pia Joe na Jenerali
Sio wa wanajeshi
Wa waandishi-wacheshi
Sitaki niwasahau Mwami na mwenzie Masanja
Eti wakijidai wanasosolojia viranja

Qorro wa Karatu
Amefuatana na Msoma Salumu
Aliyekuwa anatusalimu
'Venceramos! A luta continua'
Ndio kamaradi: A luta continua.

Amekuja pia Rameshi
Vijana wakimtania 'wa Bangladeshi'
Na mwandishi mwenzio Nizari
Aishie nchi-kavu Kariakoni
Akijitambulisha orijino wa nchi-Visiwani

Namuona mheshimiwa Liundi, balozi
Akipambana na mawimbi ya machozi
Na Mzee Butiku amekaa majanini
Unakumbuka tulivyomsumbua ujanani?

Nimemuona rafiki yako wa siku zile za Kivukoni
Mzee wetu, mzee Ngombale wa Kiliwani
Alikuwa anakuulizia juzijuzi
Nipashe za Kamaradi Henry asiye na upuuzi

Sikuwa na ujasiri wa kumkumbushia
Barua yako ya wazi ulomrushia
Uonjo mkali wa kalamu yako katili
'Ewe kamaradi wangu wa prolitari
Usikubali kupigwa teke na siasa za jemadari '

Kamwe sitosahau unyekekevu na utulivu wako
Kiburi uliepuka kama tauni, jazba zilikuwa geni kwako
Nilipotunga hadithi ya Amina na kijana mwanafalsafa
Nilikuwa nakuwazia wewe na usawa wa yako falsafa

Shati nje ya suruali, na ndara za kanda mbili
Ukiishi katika risachi fleti namba mbili
Yenye kuta pasi picha wala pambo
Isipokuwa Mzee Maksi na madevu yake ya majigambo

Ndugu yangu, rafiki yangu, Kamaradi Henry – mbele sitaenda
Nakuachie salamu za kamaradi chipukizi Sabatho Nyamsenda:
'Afrika imepoteza mmoja wa makamanda muhimu
katika vita dhidi ya mfumo huu dhalimu …'

~~~

I will not mourn

My friend, Comrade Henry Mapolu[1]
I haven't come to bury you
I haven't come to say farewell to you
I will not bewail
I will not howl

I am here with our friends
Our comrades
To receive your contributions
To reminesce your exemplar
O comrade!
You remind us of uprightess, not corruptiveness

You turned your back to political bribes
Did not go to the district

---

1. Farewell to long time friend and comrade. The names in the poem are of friends who were at the University of Dar es Salaam in the 1960s and '70s

Mzee Ruksa's[2] commissionership did not comfort you,
You rooted it in the household
Aha! This was not new to you
For you had left academia,
for the Friendship Mill[3]

To conscientise the proletariat was your call
You ignored the master professorial call
You left us with the emerging nouveau-riche
Dancing to the tune of accumulating riches

We are here to honour you
For your thoughts and ideas
For your stance and views
Unwavering professionalism
Unquestionable integrity

Present and correct are Adam and Zakia
Mbakileki and Bgoya
Generous Karim
And correctly present I see Kashiwaki

Also present are Joe and Jenerali
Not of the army; simply Jenerali
Of comedic-journalists.
I do not want to forget Mwami and his brother Masanja
Supposedly leading sociologists back then

Qorro from Karatu
Together with Msoma Salum

---

2. Reference to the second phase president Ali Hassan Mwinyi who opened the doors of trade by initiating trade liberalization. Although this was a temporary measure to relieve the crisis in the shortage of goods, many embraced this relief and named him Mzee Rukhsa – rukhsa means 'permission', he gave them the freedom, the permission, to import consumer and capital goods and hence expand businesses.
3. Friendship Textile Mill where Mapolu went to work after resigning from his academic job at the University.

Who offered us that greeting
'Venceramos! A luta continua'
Yes Comrade: A luta continua.

Also present is Ramesh
Teased by the youth as the one 'from Bangladesh'
And your fellow writer Nizar
From the arid land of Kariakoo
Introduces himself as originally from island-countries

I see honourabe Liundi, the ambassador
Holding back waves of tears
And mzee Butiku[4] sitting on the grass
Remember how we tormented him in our youth?

I see your friend from those days at Kivukoni
Our elder, Mzee Ngombale of Kilwa
Just the other day he enquired about you,
'Tell me of the no-nonsense Comrade Henry'

I was not brave enough to remind him
Of the open letter you fired him
Giving him the bitter taste of your brutal pen
'O my comrade of the proletariat
Do not accept the political kicks of the marshal'

I shall never forget your humility and serenity
You avoided arrogance like the plague, anger was foreign to you
When I wrote the story of Amina and the young philosopher
It was you I had in mind, and your just philosophy

Shirt never tucked into pants, and sandals were flip flops
You lived in the research flat number two
Whose walls were bare of any décor
Apart from Mzee Marx with his powerful beard

---

4. Nyerere's private secretary at that time.

My brother, my friend, Comrade Mapolu – I shan't go on, no more
I leave with you greetings from the young comrade Sabatho Nyamsenda:
'Africa has lost one of its important commandants
in the struggle against this oppressive system...'

February 2, 2011

A baobab has fallen (tribute to Samir Amin)

A baobab has fallen
Plants will miss your shade
Shoots will miss your protection
I'll miss your love and warmth

August 19, 2018

Sam You Live

I come not to mourn you, Comrade.
I'll shed no tear, my friend.
I refuse to say 'pole', to say 'sorry'.
Why should I?
I refuse to bury you.
How can I?

For you live.
You live in me
You live in many, across the globe,
Who loved you.
Whose lives you touched,
Whose hearts you cuddled,
Whose minds you tickled.

I come to celebrate your living, Comrade.
I'll toast to your Ideas, my friend.
Over a glass of savanna, and a plate of nyama choma.
In Rose Garden, in São Paulo, in New Delhi.
I'll sing praises of Savanna, that unites the continent,
As you did, always.
I'll pontificate on Savanna, that embraces civilizations,
As you preached and practised.

Oh! Comrade,
Who'll be there, for me, with me,
'To solve Africa's problems?'

I know this is not a poem, nor a flowery prose.
Porojo[1] it may be,
Who cares?
It's for my friend and comrade,

---

1. Porojo is idle chat

For my compassionate companion,
Straight from my heart and soul.

Yes, it's for my friend and Comrade,
For, he lives

At the burial of Sam Moyo
November 28, 2015

Nguzo imeanguka
(A pillar has fallen)

Nguzo imeanguka
Kingunge wa itikadi ametoweka
Majirani na marafiki wamekusanyika
Siasa zimetikisika
Tulikuzoea sana mzee
Hatukuota ndotoni
Siku moja utatuacha
Bila kutuaga
Waislamu watasema
Innalillahi Wainnailaihi Rajiun
Wakristo bwana asifiwe
Kila mmoja na sala yake
Kwako kifo ni uthibitisho
Wa kanuni za dialectics
Kiumbe kinazaliwa, kiumbe kinakua
Kiumbe kinazeeka, kiumbe kinakufa
Miongo sita ya mchango wako
Imeandikwa mioyoni mwetu
Hautafutika, hautachafulika
Ukipindwa ukinyooshwa
Vyovyote vile daima utakumbukwa
Kwa nusu karne ulikuwa kamaradi wangu

'Kamaradi Ngombale' ilikuwa heshima kwako
Sikukuamkia shikamoo
Hukutarajia shikamoo kutoka kwangu
Uliteleza uliterereka
Ndio ubinadam – ulijisahihisha
Ulipandishwa ulishushwa
Hukususia hukugeuka
Nilifarajika ulipokosoa chama chako
Sikukuelewa ulipojiunga na upande wa pili

Nasikitika sikuwa na ujasiri wa kuuliza
Nikihofia mabishano yasiyo na ukamaradi
Buriani kamaradi
Tutaonana huko
Kuendeleza mapinduzi
Popote pale tulipo

~~~

A pillar has fallen

A pillar has fallen[1]
Kingunge of ideology is no more
Neighbours and friends have gathered
Politics are shaken
We were so used to you, our Mzee,
We never dreamt
That one day you would leave us.
Without a goodbye.
Muslims will say
Innalillahi Wainnailaihi Rajiun
Christians, praise the lord.
Each with their own prayer.
For you, death is proof
Of the laws of dialectics.
The creature is born, the creature grows,
The creature grows old, the creature dies.
Six decades of your contribution,
Is written in our hearts.

---

1. In tribute to Kingunge Ngombale-Mwiru, a long-time ideologue of the ruling party TANU and then CCM. Ngombale was a self-declared Marxist. After 2015 general election, in protest at his party not nominating Edward Lowassa as the party's presidential candidate he resigned from the ruling party and joined the campaign of the presidential candidate (Edward Lowassa) of the opposition party CHADEMA.

It will not be erased, it will not be soiled.
Whether your contribution is used or abused
You'll always be remembered,
It won't matter, your memory won't fade.

For half a century you were my comrade,
'Comrade Ngombale'[2] I addressed you with respect,
You never expected the loaded shikamoo from me
At times you slipped, At times, you dithered
It is human – but you corrected yourself.
You got promoted and demoted,
You did not brood nor change course.
I felt proud when you criticized your party,
I failed to fathom, when you joined the other side.
I feel sorry that I lacked the courage to ask,
Fearing un-comradely exchange.
Goodbye Comrade,
We will meet over there
To continue the revolution
Wherever we are.

February 2, 2018

---

2. Kingunge Ngombale-Mwiru was so known for his ideological stand that his first name became part oc Kiswahili vocabulary signifying 'an expert', and 'accomplished' person.

Barua kwa wapendwa wanafiki
(A letter to beloved hypocrites)

Barua kwa Wapendwa Wanafiki
Mkisikia kwangu kuondoka
Mtajifanya wangu marafiki
Mtahuzunika, mtaniandika
Mtatitirisha chozi la kinafiki
Mtanivisha kilemba cha ukoka
Wapendwa wangu wanafiki
Nilipokuwa na randaranda
Kulala katika varanda
Hamkunifikiri, hamkunistiri
Hamkunihifadhi, hamkunifadhili
Hamkunivumilia, hamkunililia
Ya nini machozi ya mamba?
Mtakaposikia kwangu kuondoka
Mtashindana kunitafutia sanda
Mtanizika kwa parapanda
Hotuba zenu zitarembeshwa, sauti zenu zitakatika
Koo zenu zitakauka
Na baridi moja mtaburudika
Sina urafiki na wanafiki
Mimi Naijuka Kashiwaki
Sisikitiki
Sirubuniki
Nawaachia jamii ya waastarabu-wanafiki
Mundelee kurubuni mazuzu wastahiki
Kwa heri za kuonana, wakarimu
Kwa heri za kuoneana, wadhalimu.

~~~

A Letter to Beloved Hypocrites

When you hear of my departure
You will feign friendship
You will grieve, write about me
Drop crocodile tears
You shall flatter me
My dear hypocrites
When I went around, aimlessly
Sleeping on verandahs
You never thought of me, never defended me
You never protected me, never gracious to me
You never showed patience to me, never cried for me
Why the crocodile tears?
When you hear of my daparture,
You will fight to find my shroud
You will bury me with trumpets
Your speeches embellished, your voices will break
Your throats will dry
A cold one will freshen you
I have no friendship with hypocrites
I, Naijuka Kashiwaki
Am not sad
Am not deceived
I leave you with this society of the civilised-hypocrites
So they may continue to swindle the deserving
Farewell till we meet again, the benignant
Farewell till you ill-treat again, the draconian.

September 2, 2018

PART III
KILA LA HERI

Kila la heri mwanangu mpendwa
(Wishes for my loving child)

Tashu Mwanangu,
Nikutakie nini
Ila wema.

Maisha mema.
Mahusiano mema,
Na marafiki zako,
Na ndugu zako,
Na jamii yako.

Januari 11 1986.
Nilijaa na furaha
Mtoto mchanga
Alipotoka
Analia, analia.
Nilifurahiiiiii...
Sana.

Mama'ko na mimi
Tunafarajika
Kwa mwenendo wako,
Msimamo wako,
Maadili yako,
Ukarimu wako.
Tashu Mwanangu,
Nakusihi:
Uishi maisha
Ya kujali.

Ya kujali uzuri
Na U-wema
Na Haki
Na Ubinadamu

Nakusihi Mwanangu:
Pinga ubeberu daima
Ulee utaifa.
Pinga unyayasaji popote pale,
Utetee ukombozi.
Pinga ubepari kote duniani,

Tujenge jamii
Huru.
Yenye Usawa,
Yenye Haki
Jamii bila matabaka
Bila umaskini
Bila ukatili
Bila ubaguzi
Bila unyonge
Bila unyonyaji.

Iliyo jaa furaha
Na hekima.

Kila la heri,
Mtoto wangu
Mpendwa.

~~~

Wishes for my loving child

Tashu[1] my child,
What can I wish for you
But all that is good.

Good life.
Great relationships,
With your friends,
With your brothers,
With your society

January 11 1986.
I was overjoyed
When the infant
Burst forth
Crying, crying
I was so so happy…
Extremely so.

Your mother and I
Are comforted
By your conduct,
Your stance,
Your values,
Your kindness.
Tashu my child,
Always remember:
Live a life
Of care.
Care for beauty
And kindness

---

1. Nickname of the author's daughter Natasha, written on her birthday.

And justice
And humanity

Remember my child:
Always fight imperialism
Nurture nationhood.
Fight exploitation wherever,
Defend liberation.
Fight capitalism everywhere,

So we build a society
Free.
That is equal,
That is just.
A classless society
Without poverty
Without cruelty
Without discrimination
Without deprivation
Without exploitation.

Full of happiness
And wisdom.

All the best,
My child
My beloved.

January 11, 2005

Kwa Rafiki yangu, Kamaradi Georgios (To my friend, Comrade Georgios)

Rafiki yangu Georgios
Si Mgogo wala Mgiriki
Si Muislamu wala Mkristo
Si Mtanzania wala Mtasmania
Si Mweupe wala Mweusi.

Rafiki yangu Georgios
Ni binadamu.
Mwenye rangi ya damu
Rangi ya sisi sote wana wa Adamu.

Rafiki yangu Georgios
Ni mtu aliyetulia
Ni kibwenyeye aliyetosheka
Ni msomi aliyejitolea.

Urafiki anautunza
Unafiki anauponda.
Dhulma anaipinga
Huruma anaikuza

Udumu urafiki wetu
Wenye mizizi ya mapambano
Wenye mti wa malumbano, ya itikadi
Uliotukuka kwa misimamo
Usiotetereka kwa majigambo.

~~~

To my friend, Comrade Georgios

My friend Georgios[1]
Is neither Gogo nor Greek
Is neither Muslim nor Christian
Is neither Tanzanian nor Tasmanian
Is neither White nor Black

My friend Georgios
Is human
Red blooded human
That red of us all, children of Adam.

My friend Georgios
Is content
Is a sufficiently satisfied petty-bourgeois
Is a dedicated scholar

He values friendship
Squashes hypocrisy.
Fights injustice
Treasures compassion

Long live our friendship
Rooted in struggles
Born of ideological debates
Revered in stances
Never swayed by heroics.

March 31, 2012

---

1. Tribute to long time friend and comrade Georgios Hadjivayanis

Kamaradi Ndimara nakupongeza sana (Congratulations Comrade Ndiimara)

Kamaradi Ndimara
Umerejea ukamaradi
Nakupongeza kwa dhati.

Defeat au victory, isikusumbue,
Wajibu wetu ni kuendelea
Kupambana.

Wenye njaa sio wachoyo,
Wao, hujitolea,
Hutoa mwanga,
Mwanga wa Ukombozi.

Leo, kesho, na milele,
Usemi wa Mao hauna ubishi.
"Wherever there is oppression,
there is bound to be resistance".

Swali sio kusherehekea,
Au kunung'unika.
Swali ni, unasherehekea nini?
Na unasherehekea na nani?

Wako wenyenchi,
na wananchi.
Ingawa, tunahubiriwa,
Umoja, utulivu, na amani.
Nani wametulia?
Umoja wa tabaka? Tabaka lipi?

Kuna amani na Amani,
Amani huyu ni nani?

Analinda amani ya akina-nani?
Umoja wa tabaka gani?

Ndimara, ndugu yangu,
Labda tumepitwa na wakati,
Lakini, Historia sio muda au wakati,
Historia ni mapambano,
Mapamabano yanaendelea,
Historia inakua.

Ni Historia ya wanyonge,
Wanaandika kwa damu.
Wakipepea bendera,
Bendera Nyekundu.

Wako katika Mapambano,
Na Ukombozi.

~~~

Congratulations Comrade Ndiimara

Comrade Ndimara[1]
To comradeship, you have returned
For that, my hearty congratulations.

Let not defeat or victory torment you,
Our duty is the continuation
Of the struggle.

---

1. This was written to Ndimara Tegambwage, one of the leading journalists in Tanzania. He was one of the founders of the movement for the restoration of multiparty politics in Tanzania; and served as member of parliament for one term. The original poem was written to welcome him back to his profession

The hungry are not greedy,
They are giving,
They give light,
Light of liberation.

Today, tomorrow and forever,
Mao's saying is unarguably correct.
"Wherever there is oppression,
there is bound to be resistance".

The issue is not of celebrating,
Or of moaning.
The issue is, what is one celebrating?
And with whom is one celebrating?

There are those who own the country,
And those who belong to the country.
Although, we get preached upon,
Unity, tranquility and peace.
Who is patient?
Class alliance? Which class?
There is peace and Peace,
Who is he, this Peace?

Whose peace is being secured?
Unity of which class?

Ndimara my brother,
Maybe the times have passed us by,
But, History is not a period or time,
History is struggles,
The struggle continues,
History moves.

It is the History of the weak,
Who write with their blood.
While waving the flag,
That red flag.

Yours in the Struggle for liberation.

Issa Bin Mariam, 2003

Siigigizi, sitanii
(Neither acting nor joking)

Response from Ndimara Tegambwage

Nimekusikia wetu Profu
Issa wetu wa Mlimani
Naona umefundisha
Maprofu wakanukuu
Wanafunzi wakakariri
Na vimbweneleni vikaigiza;
Ni utamu wa sanaa!

Bali natatizwa na "karibu"
Kwani niko kwangu eti
Sijabanduka makwetu;
Nijuavyo mie Issa unatania
Ndani ya utamu wa sanaa

Eti karibu katika Ukamaradi!
Liko wapi "daftari" letu
Issa, lile la Makamaradi
Tuone hata taratibu –
Kwamba waweza kuvaa na kuvua
Waweza kutoka na kuingia
Waweza kutii na kuasi.
Aka! umeingiza utani
Bali ni utamu wa sanaa.

Ukamaradi nijuao
Ni ule wa kuthubutu,
Ule wa nadharia zetu
Kujaribiwa kwa vitendo,
Ule wa kuvinjari mapana
Na marefu kuyasahili

Ule wa kubuni mbinu mpya
Nadharia kongwe kuacha.
Ule wa vitendo
Kwa mazingira yaliyopo
Na siyo ya kufikirika.
Hakuna mwingine nijuao
Hakuna mwingine niliomo!

Issa mbona umesahau
Na mwanya kutoa
Vimbweneleni kushangilia?

Sibandiki sibandui mie
Siigizi asilani
Akili inavyochambua
Mtima unavyorindima
Natamka sitanii
Na matapishi mie sili.
Mnamo utamu wa sanaa
Na asimame shahidi
Na hatakuwa shujaa
Kauli hii kurarua:
Silii ninapocheka
Sicheki ninapolia;
Sitanii nisutapo
Wangu mtima thabiti!

Sijuti, siombolezi
Ndani ya langu shairi
Na hiyo tamaa sikati
Asilani siwezi.

Nikate tamaa?
Vipande vingapi na
Nani nimgee?
Kama hapendi je?
Nikate tamaa ya uhuru?
Tamaa ya ukweli?

Tamaa ya kuishi?
Nijizike mapema?

Katu tamaa sikati
Hata ndani ya sanaa.

Lakini Gwandumi, je?
Yawezekana wote waona
Kama yangu akili?
Kama hivyo ndivyo
Kuandika sithubutu;
Kama sivyo
Kuchokoza kazi yangu,
Kuelimisha jukumu langu
Kugegeza kazi yangu,
Kuhimiza kwa sanaa
Kazi nijuayo
Kazi nifanyayo.

Silolomi asilani
Na kunung'unika
Siyo yangu tabia.
Mao umetukumbusha:
"Penye ukandamizaji shurti
Pawepo uwezekano wa **upinzani**!"
(Wasiotaka hilo neno
Jiridhishe na **Mkataa**!)

~~~

Neither acting nor joking

Response from Ndimara Tegambwage

I have heard you our prof
Our Issa from the Hill
I observe, you have educated
Professors have quoted

Students have repeated
And the nincompoops have copied;
Such is the beauty of art!

Though I am pertrubed by the 'welcome'
Because I am at mine, you know
I have not left our home;
I maintain that Issa is joking
Within the beauty of art

Welcome to comradeship indeed!
Where is our „register",
Issa, the one of comrades
So we may carefully see —
That one can instal and deinstal
One can get in and get out
One can betray and obey
What! you tease
But such is the beauty of art.

The comradeship I know
Is the one that is daring,
Has the essence of our theories
Tested through trials,
That of celebrating the breath
And simplifying the length
That of designing new techniques
Forgetting older theories.
That of action
On what is of current
And not imaginary.
I know no other
I am in no other!

Issa have you forgotten
Gaped teeth smiles
Puppets cheering?

I am not temporal
I never pretend
What the mind gathers
My raw emotions
I utter in all seriousness
And I do not swallow vomit.
Where there is sweet art
May a witness stand
He won't be brave
By wretching this phrase:
I do not cry when I laugh
I do not laugh when I cry
I do not tease when I confront
My emotions are firm!

I do not regret, I do not lament
In my poem
And hope, I never give up
Never ever.

Tear up hope?
How? Into how many pieces?
And to whom each piece?
And if they do not like it?
Should I give up hope of freedom?
Real hope?
Hope of living?
So I bury myself early?

I would never give up hope
Even in art.

But what of Gwandumi?
Could all see
As my brain?
If that is thus
I will not dare write;
If not
Provoking is my job,

Educating my duty
Copying my job
Encouragement of art
The job I know
The job I do.

I never mutter
Nor complain
That is not my character.
Mao reminds us:
"where there is oppression there must be
The possibility of **opposition**!"
(Those who do not accept that phrase
Know that are just *nay-sayers!*)

Ndimara Tegambwage, 2003

Ewe Ngugi wa Thiong'o (O brother Ngugi wa Thiong'o)

Ewe ndugu Ngugi,
Wa Thiong'o.
Mwana wa Baba En'doinyo Ormoruak
Na Mama Mto Kiyiira.

Mjukuu wa Kinjikitile
Mrithi wa Ali Ponda.
Afrika ni Moja,
Vinchi ni feki.

E'nyi Waafrika,
Eti wajidai Uafrika!
Ndoto zenu Kireno,
Lugha yenu Kimarekani.

Walimu wenu wafadhili,
Eti wahisani.
Viongozi wenu mafisadi,
Eti wa-utandawazi.

Amkeni, Waafrika.
Uafrika ni Umajumui wa Afrika.
Oteni ndoto, Kizaramo,
Fikra, Kiswahili; mawazo Kigikuyu.

Fuateni nasaha za Sheikh Ali bin Ponda:
'Baba ni Afrika, Mama ni Afrika'.
Silaha ni U-africa,
Askari ni Afrika Moja.

Nkosi sikelele Afrika.
Mungu ibariki Afrika.

O brother Ngugi wa Thiong'o

O brother Ngugi,
Wa Thiong'o.
Son of En'doinyo Ormoruak, the father
And Mto Kiyiira, the mother.

Grandchild of Kinjekitile
Successor of Ali Ponda.
Africa is one
Statelets are fake.

O you Africans
Pretending Africanness!
You dream in Portuguese,
And speak American.

Your teachers are donors,
Supposedly benefactors.
Your leaders are corrupt,
Supposedly globalized.

Wake up Africans.
Africanness is Pan-Africanism.
Dream in Zaramo,
Think in Swahili, ponder in Gikuyu.

Listen to Sheikh Ali bin Ponda:
'Father is Africa, Mother is Africa.'
The weapon is Pan-Africa,
The soldier is One Africa,

Nkosi sikelele Africa.
God bless Africa.

August 11, 2009

Ndugu yangu Abdilatifu
(Abdilatifu my brother)

Ndugu yangu Abdilatifu
Eti mie si profesa
Mie ni mimi 'Latifu
Tena wa M'basa

Kwani maprofesa hufua dafu?
Wao ni wanywaji wa madafu
Wenzi wao walafu
Wanywa baridi moja na ndafu

Rafiki yangu 'Latifu
Unywaji na ulafi si wa kwake wasifu
Sio mmoja kati yao
Awaachia maprofesa hayo

Mwenzie ni profesa
Ingawa sio wa M'basa
Eti ni profesa wa umma
Mpinzani wa akina Zuma

Rafiki yangu 'Latifu
Kuna profesa na profesa
Sio wote wa M'basa
Mmoja wao ni nduguyo.

~~~

Abdilatifu my brother

Abdilatifu[1] my brother
Claims not to be a professor
I am just 'Latifu
From Mombasa

Why, can professors skin a coconut?[2]
No, they can only drink coconut water
And their greedy peers
Drinkers of cold beer and roast meat

My friend 'Latifu
Drinking and greed are not of his ilk
He is not amongst them
He leaves that to professors

His Comrade is a professor
Although not from Mombasa
A professor of the masses
Opponent of the likes of Zuma

My friend 'Latifu
There are professors and professors
Not all from Mombasa
One of those is your brother.

1. Abdulatif Abdullah, a Kenya poet and activist
2. This is a pun and a play of the word dafu – coconut water

PART IV
THEY HAVE ROBBED US

Agizo
(Order)

Mimi ni machinga
Kutimuliwa, nimetimuliwa.
Kongo na posta
Kumesafishwa.
Peupe.......
Uchafu na wachafu,
Wamepakiwa na kupakuliwa,
Kwa hisani ya Shemeji Takataka Co. Ltd.

Mkuu kaagiza
Shemeji katekeleza.
Mitaa ya Darisalama,
Mtaa wa Nyerere.
Peupe......
Karibuni Bandari salama,
Wahisani, Wataalam, Watalii,
Waheshimiwa Maaskofu wa Utandawazi.
Kutimuliwa, katimuliwa.
Hasani bin Machinga.
Yunifomu yake chafu,
Kavaa tangu Jumatatu,
Kakosa kufua Jumapili.
Sabuni bei poa.
Maji hayaonekani.
Pasi haina mkaa,
'Mharibifu' wa mazingira.

Mkuu kaagiza.
'Msinimwagie unga wangu,
Nimeamrishwa na WaM,
Watoto wote shuleni!
Tekelezeni MMEM!'

(Nimerudi Kongo,
Nitafute hela za sabuni.)

Nikachapwa vibao,
Nikavuliwa chupi.
Nikapigwa picha,
Nikaanikwa hadharani,
Uchi wa mnyama!

Nimeshitakiwa mahakamani.
'Wee...bin Machinga,
Umekaidi amri
Ya MeM na WaM.

Hasani bin Machinga,
Umemsingizia ulemavu,
Kaombe Garden Avenue,
Movenpick na Peacock.
Umelidhalilisha Taifa,
Taifa la Waastarabu, Watulivu, Waungwana.
Wee... machinga mchafu!
Mzembe we!'

Nimeshitakiwa mahakamani.
'Wee ...bin Machinga.
Umekaidi amri
Ya MeM na WaM.
Mwanao mtoro,
Haonekani shuleni.
Umevunja kif. 25,
Kifungu kidogo (9),
Ibara ya 3,
Ibara ndogo (iv),
Kuanzia mstari wa pili,
Na kuendelea ...

'Wee...Machinga,
Umetenda kosa,
Kosa la jinai.

U semaje?'
'Nakiri ...'
'Unakiri nini? Sema kwa sauti.
Toa mikono yako mifukoni.
Simama wima!'

Nakiri, Mheshemiwa.
Mimi machinga mara 25,
Mchafu mara (9),
Mzembe mara 3,
Mlevi mara (iv).
Kuanzia kuzaliwa,
Na kuendelea ...

Nakiri Mheshimiwa.
Sijui kulea,
Sijui kuthamini
Elimu, Utamaduni na Usafi.

Nakiri Mheshimiwa.
Mimi mwizi,
Mzururaji.
Mzembe.
   Maneno yangu maporojo,
Malalamiko yangu masihala,
Mahitaji yangu anasa,
Manung'uniko yangu wivu (wa kike).
Nakiri Mheshimiwa.

***

'Adhabu tarehe 13 Februari,
Baada ya mapumziko,
Ya Krismasi.Heri za Krismasi.'
Heri ... Mheshimiwa.
Coooooooooort!

***

'Mheshimiwa Hakimu,
Ninasikitika kuarifu,
Mahakama yako tukufu.
Leo saa 11.00 alfajiri,
Wee Machinga,
Alikutwa amejinyonga.'

'Kwa heshima na taadhima,
Ninaomba Mahakama yako tukufu,
Ifute kesi ya mhalifu,
Wee Machinga.
Na kumuachia huru'

Ninafuta wamachinga,
Niwie radhi, ulimi umeteleza,
Hauna mfupa! (Heheheheeee.!)
'Ninafuta kesi ya Wee Machinga.'

Cooooooooooooort!

~~~

Order

I am a hawker
Swept off, always swept off.
Kongo and Posta,
Have been cleared.
spotless …
Filth and the filthy,
Loaded and unloaded,
Compliments of Brother Takataka Co. Ltd.

The boss ordered
Brother executed.
Streets of Darisalama,
Nyerere Street.
Spotless …

Welcome to the port of peace,
Donors, Consultants, Tourists,
Honorable Bishops of Globalization.
Swept off, always swept off.
Hasani son of a Hawker
His filthy uniform,
Worn since Monday,
Missed wash on Sunday,
Soap is cheap,
Water scarce.
Iron lacks heating coal,
O this environmental 'saboteur'.

The boss has ordered.
'Don't you mess up my job.
I have been ordered by WaM,
All kids to school
To implement MMEM.

(I am back at Kongo,
Sweating for soap money.)

Slapped,
Undressed.
Photographed,
Publicly laid bare,
Stark naked!

Charged in court.
'You…son of a Hawker,
Disobeyed the order
From MeM and WaM.

Hasani son of a Hawker,
You feigned disability
begging at Garden Avenue,
Movenpick and Peacock.
Humiliated the Nation
A nation of the civilized, the serene and the genteels.

You ... filthy hawker!
Lazy!

Charged in court.
'You ...son of a Hawker.
Disobeyed the order
From MeM and WaM.
Your child skives,
Off school.
You violated section 25,
Sub-section (9),
Paragraph 3,
Sub-paragraph (iv)
From the second line,
Onwards ...

'You ... Hawker.
Have committed,
A criminal offense.
What say you?'
'I admit ...'
'You admit, what? Speak up
Take your hands out of those pockets.
Stand straight!'

I admit your Honour.
I am 25 times a hawker,
I am 9 times filthy,
I am 3 times lazy,
I am (iv) times drunk,
From birth,
And forever ...

I admit your Honour
Ignorant of rearing,
Ignorant of valuing
Education, Culture and Cleanliness.

I admit your Honour.
I am a thief,
I am a tramp,
I am lazy.

My conversations are but idle chats,
My complaints are but jokes,
My needs are but luxuries,
My grumblings are but jealousies (of the female kind).
I admit your Honour

***

'Sentencing on February 13,
After the holidays,
After Christmas.

Merry Christmas.'
Merry ... Your Honour.
Cooooooourt!

***

'Your Honour.
It saddens me to inform,
Your noble court.
Today at 5am,
That son of a Hawker,
Hung himself.'

'I respectfully request,
That your exalted court,
May be pleased to dismiss the charge against the criminal Hawker.,
And set him free.'

I am exterminating hawkers,
Apologies, slip of the tongue,
This boneless organ! (Hahahahaaaa!)
'I am terminating the charge against Son of a Hawker.'

Cooooooooourt!

January 15, 2007

Response from Nizar Visram

Hongera ndugu yangu.
Uloandika si majungu
Nimechoka na marungu
Macho yameota ukungu
Nabakia na uchungu
Wamenidhalilisha sungusungu

~~~

Response from Nizar Visram

Congratulations my brother.
Yours are not conspiracies,
I am fed up of the billies.
My eyes are foggy,
I nurse my tribulations,
Vigilantes have showered me with humiliations.

January 2007

Response from Ng'wanza Kamata

Ewe Issa Mwema,
wakiri wa mafakiri
Nimelisoma shairi
Lililojaa tafakuri,
Litasomwa na makuri,
na machinga mashuhuri,
Ukombozi wa dhahiri,
Ungali jikoni bado.

Ungali jikoni bado,
ukombozi wa wanyonge,
utashindana na unyonge,
utashinda dharau na kebehi za makuadi
eti hameni hameni
adresi mzipate
na saccos muanzishe
Bilioni mfaidie

hamkeni hamkeni
Machinga na wachingwa
Ikataeni kejeli
na miadi ya kikuda
Eti Mkurabitwe
Umasikini muuvue.
Ushauri ni mwanagenzi, japo ninajaribia.

~~~

Response from Ng'wanza Kamata

O Good Issa,
Man of the wretched [wakiri].[1]
I read your poem,
Of convictions.
To be read by dockers,
And famous hawkers.
The real revolution,
Is still in the oven, baking.

The liberation of the deprived,
Is still in the oven, baking
It will fight deprivation.
Will win over the disrespect and slander of the pimps
supposedly, move move
get addresses
start saccos
enjoy the billions.

Get up Get up enraged!
Hawkers and the hawked
Reject the slander
And penalties
Supposedly, subjects of Mkurabita,
And shake off poverty.
Advice is but fledgling, although I try.

---

1. The word 'wakiri' may have various meanings. First it could be that the poet used it to differentiate ethnicity since there are certain ethnic groups that replace 'r' with 'l' and vice versa. Hence 'wakiri' could be 'wakili' – 'lawyer' which happens to be Issa's profession. The other meaning is derived from the verb 'kukiri' – to acknowledge, hence it could be that Issa is one who 'acknowledges' the poor. We chose the term 'man of the wretched' as we felt it carries both meanings.

January 2007

Reply to Ng'wanza Kamata

Rafiki yangu Ng'wanza
Unatoka Mwanza?
Sawa sawa mafakiri
lakini sio wakiri!
Ni wakili
mwenye maadili
kapingana na majangili
wakiwemo wafadhili.

Ukombozi sio lelemama
Huhitaji kuchachama.
Akina baba na mama
wote kwa pamoja
tujenge umoja.

Umoja wa wanyonge
tushinde unyonge.
Potelea mbali tonge
la asali au donge

Donge la dola
uniepushe mola.
Kumradhi nilale
na walewale.

Walewale walalahoi
Pari huitwa poloi.
Sitaki kulala heri
Hata mkinihonga fairy.

Ewe Kamata,
Epuka na matata

ya vibwanyeye na bwanyenye.
Eti hufarakana!

Zingatia vita
vita vya tabaka
sio ya Kabaka
wala kubaka.

Sisemi nimefika.
Sisemi sitafika.
Safari ndefu
hainipi chechevu.

Alhamdulilahi,
Mola apende
asipende,
Kufika tutafika.

~~~

Reply to Ng'wanza Kamata

My friend Ng'wanza
You are from Mwanza?
It is indeed the wretched
But not 'wakiri'[1]
It is 'wakili'
With the morals

---

1. The word 'wakiri' may have various meanings. First it could be that the poet used it to differentiate ethnicity since there are certain ethnic groups that replace 'r' with 'l' and vice versa. Hence 'wakiri' could be 'wakili' – 'lawyer' which happens to be Issa's profession. The other meaning is derived from the verb 'kukiri' – to acknowledge, hence it could be that Issa is one who 'acknowledges' the poor. We chose the term 'man of the wretched' as we felt it carries both meanings.

Of fighting the scoundrels
Together with the benefactors.

Emancipation is not a dinner party
It needs resistance.
Women and men,
All together in solidarity
We build our unity.

A unity of the deprived
That fights deprivation.
To hell with their cake
Of cream and honey

Those state (c)offers
Almighty help me evade them.
I shan't sleep
With the masters.

Those same penniless
In Paris they are called poloi
I do not want to sleep peacefully
Even if you bribe me with a fairy

Kamata listen,
Avoid the fracas
Of the petty bourgeois and the bourgeois
As if they differ!

Beware of wars
Class wars
Not that of Kabaka
Nor of the violations.

Not that I have arrived
Nor that I won't arrive.
The journey is long
It frightens me not.

Alhamdulilahi
Whether God likes it,

Or not,
We shall arrive.

January 2007

Response from Demere Kitunga

Issa amechokonoa nyuki
Waliofungiwa mzingani
Wakila asali masegani
Naye mrina keshawasili
Moto keshaukoka kondeni
Apate kuirina asali

Kama ilivyo jana na juzi
Walipojikuta matatani
Wakichuma nta mauani
Hawakujichanganya kundini
Walienda wawili wawili
Wakapuliziwa sumu moshi
Na kugaragara ardhini
Waliporejea mzingani
Haraka wakazitafakari
Harakati nayo mikakati
Vilingeni na barabarani
Wakaamua na kumaizi
Kusambaratika ni rahisi
Muwapo ni wawiliwawili
Peke muvamie harakati
Kiwango cha umma wa jumui.
Ila umekwishakumaizi?
Mgawanyiko wa mzingani
Vibarua mbali na walinzi
Mijadala mbali na ukuli
Unakumbuka kazimzumbwi
Na wanaTanga hivi majuzi
Nani wanafanya tafakuri?
Mrina akiwapo kondeni
Yako wapi makundi ya nyuki

Yajipenyeze nje ya moshi
Yajiunge na siafu kufuni
Zivunjwe tabaka mzingani
Nazo za wasomi na watendi!

~~~

Response from Demere Kitunga

Issa has disrupted the bees
Enclosed colony in the hive
Feasting in the honeycombs
And the harvester has arrived
The fire is ready in the field
Harvesting is to go ahead

Just like yesterday and the day before
When they found themselves in trouble
When gathering pollen from the flowers
Detached from the group
They went two by two
Got poison smoke sprayed upon
And rolled over on the ground
Back in the hive
Quick they had to envision
The struggle and its strategies
On stage and open roads
They made decisions and realized
Disintegration is easy
When in pairs
Only invade the struggle
At leves of communal masses.
But have you understood?
The division at the hive
Workers apart from guards
Debates apart from labour
You remember the Kazimzumbwi saga?

And people of Tanga just recently?
Who is analysing?
With the harvester in the field
Where are the bee colonies?
To pierce through the smoke
Join hands with the bonded ants
To break the classes in the hive
Those of scholars and doers!

January 2007

Police

my hair stands on end
my eyes can't tear
when I hear
of fellow beings
with batons
sten guns
tear bombs
stand over kneeling citizen
pleading for life
as if they're small gods
puny tyrants
serving bosses thoughtlessly, robotically
what do you call them?
can't stand it
can't name it.

January 5 2018

I went to court

I went to Court,
Seeking justice.
Housed in a fort,
Guarded by a host:
Of men armed
Of men awesome
Of men fearsome.
She lives in solitude
I lost my fortitude.
I went to Court,
Seeking justice.
Right at the gate
I was told:
'You're late',
Blame your fate.
Enter you'll,
If you make a deal
I lost my zeal.
I went to Court,
Seeking justice.
Right at the door
I was told.
Who on earth are you,
Eti seeking justice!
'Her Majesty Justice is blind'
She cannot see me
Without a fee
I lost my glee.
I went to Court,
Seeking justice.
Who on earth are you,
Eti seeking justice?
Do you know
Mutatis mutandis

Inter alia
Sui generis, ejusdem generis...?
Get Mr. Bar-at-Law.
Frustrated, exhausted, disappointed, angry
I went to Ms. Baar-at-Loo.
Forsook law
Forsook justice.
I was taken to court
To face justice.
I saw Her Majesty Justice.
Without a fee
Without Mr Mutatis s/o Mutandis
& His learned brother Sui Generic
And Her learned sister Inter d/o Alia.
Daring, deaf, blindfolded,
Her Majesty commanded.
'You drunken, vagabond, loiterer.'
In the name of His Excellency
The Right Honourable
Just Society.
You shall be dishonoured
For six months.
Housed in a fort,
Guarded by a host,
Of men armed
Of men awesome
Of men fearsome.
With men forlorn
In six months of solitude
Without my fortitude
Without my zeal
Without my glee.
To the windowless walls
To the stinking leaking loo
To the six-by-six floorless cell.
In the name of my ever-excellent ancestors,
I vow:
I shall not seek justice.

I shall not beseech Her Majesty.
'Rest in Peace.
Your Ladyship Justice.'

July 26, 2007

The almighty law

Law
Thou art,
Clever
Witty
Stupid.

Deceptive
Cheat
"Just".

Clear
Confused
Convulsive.

You
twist &
turn &
trigger
Expectations, hopes, fears and fright.

You're
everything
to everybody.
Copulent yet clinical.
Everyone's mistress.
But loyal to one,
And only One Master – (the ruling class).

I envy you,
Hate you,
Admire your virility,
From a distance.

Use you, seemingly,
Destroy you, theoretically.

By God!
I Am
Not You.

Darisalama I
(Dar es Salaam I)

jiji langu limejaa foleni
kuna foleni na foleni
hospitalini kuna foleni la kutibiwa
chuoni foleni la kuteuliwa
kuna foleni la kutuziwa
foleni la kutimuliwa
matatatizo yamejipanga foleni
matumaini yamejipanga foleni
foleni zinashindana
hakuna mshindi wala mshindwa
sote tumeshindwa

~~~

Dar es Salaam I

My city is full of queues
There are queues and queues
Queues at the hospital to get treatment
Queues at the college to get appointment
There are queues to receive honours
Queues for dismissals
Problems stand in queues
Hopes stand in queues
Queues compete with queues
No winners no losers
We are all losers!

January 9, 2018

Darisalama II
(Dar es Salaam II)

kijiji changu darisalama
nikupe pole au hongera
sijui
nimechanganyikiwa

mabenki yanakomboa
majengo yanashindana
majina yako Mwalimu[1]
yamepamba vituo vya BiAraTi[2]
na vioski vya Vodakomi

nikuiteje, wangu darisalama
bandari ya wasalama?
au ya walafi na walofa?
sijui
nimechanganyikiwa

~~~

Dar es Salaam II

My village Dar es Salaam
Shall I pity or congratulate you
I don't know
I am confused

Banks liberate
High-rise compete

1. Reference to Julius Nyerere.
2. BRT = Bus Rapid Transit

Your name Mwalimu[3]
decorates BRT[4] stops
and Vodacom kiosks

How shall I call you, my Dar es Salaam
Haven of Peace?
Or of greed and loafers?
I don't know
I am confused

December 24, 2017

---

3. Reference to Julius Nyerere.
4. BRT = Bus Rapid Transit

Darisalama III (Dar es Salaam III)

kijiji changu darisalama
chenye upendo, chenye usalama
kimenilaki, kimenilea
kimekua, kimeendelea

majengo yamerefuka
watoto wamedunika
nakumisi darisalama

magari yamepaa
wadaslama wamezama
jiji limeendelea, jiji limekua

jiji la miamala
lisilona usalama
lisilona upendo
sikutaki!

~~~

Dar es Salaam III

My village Dar es Salaam
Of love and peace
accepted and nurtured me
has grown, has progressed

Buildings are rising
Children are stunting
I miss you Dar es Salaam

cars soar
Daresalamites sink
the city has progressed, the city has grown

The city full of transactions
Lacking peace
Lacking love
I hate you!

November 19, 2017

Adimu (Shortages)

sina mafuta ya kupika
ufuta ni adimu
sauti ya mmoja inafutika
ya wengi inafurika

~~~

Shortages

No oil to cook
Sesame is scarce
A lone voice is suppressed
Those of many boils over

January 3, 2018

Starvation

Starvation, starvation starvation.
For the few, their bags are full
Bur for many, the stomach is empty
For you and me, starvation is subject of contemplation
Wondering why starvation?
Food rots in the granary
Food is thrown in the sea
In hotels, bins are full of garbage
Shops are stocked with food
But prices are skyrocketing
Why starvation where food is plentiful?

December 29, 2017

Msinitukane!
(Do not insult me!)

ukimwi unaua
pia malaria na cholera
madaktari wasema
ustawijamii waimba
viongozi wahubiri
kinga ni lishe bora
nitaitoa wapi
sina kazi
sina mali
thumuni ya kuomba
huninunulia kipande cha muhogo
na tone la togwa
eti lishe bora
msinitukane!

~~~

Do not insult me!

HIV kills
also malaria and cholera
doctors say
social welfare sings
leaders preach
prevention is good nutrition
where will I get it
I have no job
I have no wealth
the begged penny
buys me a piece of cassava

with a drop of togwa[1]
you say good nutrition?
do not insult me!

April 20, 2018

---

[1]. Fermented sorgum

Kijiweni
(At the Rock)

jiwe haliishi
jiwe huishi
milele, daima
jiwe la kale, jiwe la juzi
kokoto, vijiwe, miamba
hukutana, hubusiana
ya Kijiweni
ujiweni hauuliki

~~~

At the Rock

The Rock never ceases
The Rock exists
Eternally, forever
The Rock of times gone by, the Rock of the other day
Pebbles, stones, reefs
meet, kiss
in Rockhood
Rock spirit can't be extinguished

November 10, 2017

Ya jiweni
(Of rock and talk)

jiwe halitabiriki
jiwe halisalitiki
sisimizi na siafu hupapasapapasa
undani wake haugunduliki

hadithi ya jiwe halikamiliki
pambano lake halikomesheki
jiwe haliroweki
jiwe halikaushiki

jiwe halitikisiki
busara zake hazifilisiki
jiwe ni jiwe
lidumu jiwe, udumu ujiweni

~~~

Of rock and talk

(**Ya jiweni**[1])

The Rock is unpredictable
The Rock cannot be betrayed

---

1. **Ya Jiweni**: This is in reference to a Swahili tradition of seating on pavement/ corner places where people take their coffee and interact. **Jiwe** means a rock around and on which people lean and seat. This can loosely be translated as 'street corners' where people gather to pass time and discuss everything under the sun.

Snakes and ants[2] grope it
its secret never uncovered

Rock stories are never finalized
Its struggle never stopped
The Rock can never be drenched
The Rock can never be drained

The Rock can't be shaken
Its wisdom is never bankrupted
The Rock is the rock
Long live the Rock, long live Rockhood

November 15, 2017

---

2. Reference to informers who visit Kijiweni

Romance with power

going to bed with power is romantic
it's seductive
avoid power like plague
for it's infectious
it kills the human in you
planting a ghost

October 22, 2017

Uchaguzi wa Kenya (Kenyan elections)

Hakuna utukufu katika uchaguzi
kama uchaguzi unafuta utukufu
wa binadamu.
Uhai wake ni muhimu kuliko kura yake,
Mfu hapigi kura

October 21, 2017

~~~

Kenyan elections

There is no glory in elections
If elections crush the glory
Of humanity
Life is more crucial than the vote,
For the dead do not vote

October 21, 2017

Wametuibia
(They have robbed us)

Wametuibia watu wetu
Wanetuibia ardhi yetu
Wametuibia madini yetu
Wametuibia utu wetu
Sasa wanatuibia lugha zetu
Sasa basi
Sasa tunataka mapinduzi
Sio mageuzi wala mabadiliko
Ili tusiibiwe tena
Ili tusidhalalishwe tena
Ili tusipuuzwe tena
#tunamatatanawezi

~~~

They have robbed us

They have robbed us of our people
They have robbed us of our land
They have robbed us of our minerals
They have robbed us of our humanity
Now they're robbing us of our languages
Now then
Now we want a revolution
Not reform or evolution.
So we will not be robbed again
So we will not be humiliated again
So we will not be overlooked again
#wehaveissueswithrobbers

December 13, 2018

Uzalendo umeleweshwa (In patriotic delirium)

Wako wapi, wako wapi wazalendo
Wenye upendo na nchi yao
Kule walionacho
Husherehekea harusi na bathday
Mito ya vinywaji hutiririka
Mapambo ya dhahabu humeremeta
Huku wasionacho
Hutafuta mikate damponi
Wako wapi, wako wapi wazalendo
Wenye uchungu na taifa lao

~~~

In patriotic delirium

Where are they, where are the patriots
Who have love for their country
Over there, where the haves are
Celebrations of weddings and birthdays are held
Rivers of drinks flow
Gold decorations shine
Over here, where the have-nots are
Bread is searched for in the dumps
Where are they, where are the patriots
Bitter for their nation

December 27, 2018

Truth from above stinks

if you can't speak
scream
if you can't scream
sing
if you can't sing
shout
if you can't shout
at least doubt
the "truth" from above
for it stinks

September 7, 2017

'We the people'

Demagogues champion democracy
Democrats desire aristocracy
On 'We the people'
They all ride
While we pride
In the illusion
Of numbers

August 6, 2017

Barua kwa mpenzi wangu (Letter to my lover)

Mpenzi wangu Azimio,
Nakumisi sana, sana.
Miaka imepita, miongo imerundikana,
Muda umebebwa na mwendokasi.
Wahenga walisema,
Nyakati huponya,
La hasha! Sio madhara ya moyo wangu.

Nikikukumbuka, machozi yananitiririka,
Nalia kimoyomoyo,
Nikimhofia mama Sadikika,
Asije akanishutumu,
Eti, natembea nje.
Hakuna ukweli, kukusaliti ni mwiko.

Kila kukicha,
Masikitiko yangu hukua maradufu.
Nashindwa kujifariji,
Nikikumbuka, walivyokuzika ki-siri-kali,
Bila taarifa, bila tangazo,

Eti ukapotea, mchana kweeeupe!
Nasikia uvumi, umeenea kote,
Barani na visiwani,
Inasemekana ulizikwa kisiwani.
Waswahili wanatia chumvi,
Eti, ulizamishwa baharini,
Na jiwe la Jang'ombe.

Walezi wako uchwara,
Wakanena bila haya.
Eti, hukuwa na maana,
Wala mantiki ya kufana.

Karne hii ya sasa,
Karne ya asali na anasa.

Nasikia uvumi, usioenea sana,
Wakakuzingira, wakakurushia mawe butu,
Wakakunyonga kama kuku.
Hakuna aliyesoma wasifu wako,
Hakuna aliyeomba dua kwa ajili yako:
Inna lillahi wa inna ilayhi raji'un.

Nasikia, sina hakika,
Walikuwapo,
Waliosherehekea kuzaliwa kwako.
Waliokulea, waliokudekeza.
Pia walikuwapo waliokupigia debe,
Wengi kwa kujipendekeza, wachache kwa kukuamini.

Wote, malaika wa jana na mashetani wa leo,
Wakageuka, wakawa jiwe.
Wakakumbatiana, wakapongezana.
Tumefanya kazi nzuri.
Umetufanyia kazi nzuri,
Maalim wetu, gwiji wa falsafa na itikadi

Nahisi, hapana, najua.
Aliyekuzaa, aliyekupamba,
Aliyekutangaza duniani kote.
Kazamisha kichwa chake mikononi mwake, maskini!
Kakitingisha kwa huzuni na kutokuamini.
Lahaula! Walezi niliowatuma, wakawa wakatili wa Azimio, mwanangu.

Azimio hatasahaulika,
Mzimu wake utawatesa.
Kuna siku atafufuka,
Mlompiga teke, mtapigwa teke.
Bila matumaini, hakuna utulivu,
Bila haki, hakuna amani.

Enyi Waswahili,
Mliopanda juu, begani mwa Azimio.
Mnafurahia hewa ya Bahari ya Hindi,
Yenye samaki na rasilimali tele.
Mmekaa juu ya tawi, mmejisahau.
Je, wapenzi wake wakikata mti?

Bado nampenda Azimio, mwanangu.
Nimehifadhi picha yake,
Nimeificha Bibliani.
Wakiiona wasasa,
Wataniita mpumbavu,
Aliyezongwa na mawazo mfu.

Huyu Musa anashindwa kusoma alama za nyakati,
Anang'ang'ania misahafu ya kale.
Kila zama na kitabu chake.
Zama hizi ni za madili, sio maadili.
"Goodbye Declaration",
"Welcome (self)-Gratification".

II

Wako vijana,
Wengine sio vijana sana,
Eti, wanajiita vijana.
Upendo wao kwako,
Ukavuruga akili zao,
Wakafunga safari.

Wakaenda mbali,
Mbali na bandari,
Mbali na jiji na miji.
Wakajitosa kijijini,
Mji wa zamani,
Kijiji cha M'katani.

Wakaadhimisha miaka yako arobaini.
Ungekuwa hai, ungekuwa mtu mzima,
Mwenye heshima na ustaarabu,

Mwenye sura ya kuvutia,
Na umbo la kupendeza,
Mwenye akili ya Bernard Shaw na umbo la Isadora Duncan.

Vijana wakasikiliza kwa upendo,
Zako simulizi.
Wakatamani,
Wengine kwa moyo,
Wengine kwa mzaha,
Kukuposa papo hapo.

Kwenye majuzuu, wachache wakazama,
Wakayatumia kwa kukupapasa,
Nje na ndani.
Wakakupenda, wakakutamani.
Wakaimba kwa sauti ya ukali na upole,
'Azimio, Azimio. Azimio njoo,
utamu kolea, ukweli fumuka'.

Maamuzi ya pupa mchana,
Yaruka kama popo, usiku.
Vijana wakaparaganyika, wakapotea.
Wakazolewa na ari mpya, nguvu mpya na kasi mpya.
Wakalewa sumu ya ujana.
Azimio wa kale, sio Mrembo wa leo.

Ari ikazaa shari,
Nguvu zikazama mtindoni,
Kasi ikapoteza mwelekeo.
Mrembo aliyetamaniwa,
Kawa mzigo wa kuepukwa,
Vijana wakabaki, wanaduwaa

III

Mpenzi wangu, mpendwa wangu.
Unatimiza miaka hamsini,
Kwangu ni Jasmini.
Huolewi na walevi wa madaraka,

Huguswi na wanafiki wa mabadiliko.
Azimio wangu ni Jasmini, sio Yasmini.

Azimio wangu ni jasmini,
Inayopuliza madawa, palipo na maradhi,
Inayomulika nuru, palipo na giza,
Inayoamsha furaha, palipo na huzuni.
Azimio wangu ni jina jingine la Matumaini,
Batizo lake ni Azimio binti Matumaini.

Wako wanasiasa chipukizi, wanakupenda kupindukia,
Wanataka kukuvisha,
Nguo za Calvin Klein,
Marashi ya Yves Saint Laurent,
Suruali ya Wrangler,
Na viatu vya Angler.

Wakupambe, wakustaarabishe,
Wakupendekeze kwa makuadi wa soko huria,
Na mabwana zao, haramia.
Wajipatie thumni ya mahari.
No! No! No! Dhihaka ya Mpenzi wangu ... No!...
Mola O'Mola wasamehe waliopotoka.

Wako wapambe, na washereheshaji,
Wapigadebe na walamba asali,
Wapigamagoti na wavuna milingoti.
Eti, wanakufananisha na binti wa Mfalme,
Wafadhiliwe kwa nyadhifa,
Waendelee kulamba asali, na kurusha bendera.

Mpenzi wangu Azimio,
Bado kuzaliwa mwingine.
Sifa zako adimu, haziokotwi mitaani,
Haziimbwi vichochoroni.
Sifa zako ni taswira yetu,
Sisi wanyonge, wavujajasho.

Sisi wanyonge, sisi wavujajasho,
Watumwa wa leo, wakombozi wa kesho.

Azimio ni matumaini yetu,
Azimio ni binti yetu, kipenzi chetu.
Hatarembeshwa, hatavishwa,
Kilemba cha ukoka.

Fanyeni mabadiliko yenu,
Igeni mabwana zenu.
Tumikieni wajasiriamali,
Rusheni bendera zenu za amali.
Tuachieni sisi, Azimio wetu,
Mkombozi wetu, mpendwa wetu.

Azimio ni historia yetu, ni urathi wetu.
Sisi, jeshi la wajasiriajasho,
Tunaapa mbele ya MamaArdhi:
Tutakupenda daima, kwa moyo wetu.
Tutakurutubisha daima, kwa jasho letu.
Tutakulinda daima, kwa damu yetu.

Mungu mbariki Azimio,
Mlaze mahali pema,
Pa mapinduzi.
Peponi,
Nchini,
Bara na visiwani.

Akipenda Jalia,
Litadumu Azimio,
Amina! tena Amina!
Amina tena na tena!

~~~

Letter to my lover

Azimio[1] my love,
I miss you, so.
The years have passed, the decades have built-up,
Time has been bolstered by rapid buses.[2]
Sages said,
Time heals,
Absolutely not! Not the pain in my heart.

When I remember, tears flow,
I cry silently,
Worried at mother Belief,
Lest she accuses me
of supposedly walking away.
There is no truth, treason is taboo

With each sunrise,
My sorrows exponentially rise.
I cannot comfort the self,
When I recall your secret inhumation,
Without an annunciation, without a proclamation,

Supposedly you got lost, in broad daylight!
I hear rumors, spread in every corner,
On the mainland and the islands,
It is said you were laid to rest on the island.
The Swahili exaggerate,
Supposedly, you were immersed at sea,
Attached to the stone of Jang'ombe

1. This is an ode to the Arusha Declaration referred to as Azimio la Arusha in Swahili and Azimio in the translation. It was written in commemorating 50 years of the Arusha Declaration
2. Reference to rapid bus transport.

Your fake guardians
Announced without shame.
Supposedly, you were senseless,
No sense of greatness.
In this century,
The century of luxury and honey.

I hear rumors, simply here and there
They had surrounded you, threw blunt stones at you
And like a chicken they strangled you
No one read your eulogy,
No one gave a prayer on your behalf:
Inna lillahi wa inna ilayhi raji'un'.

I hear, I am not certain
They were present
Those who celebrated your nativity.
Raised and pampered you
Also they were present, those who sang your praise
Many by ingratiating themselves, a few by believing in you.

All yesterday's angels and today's devils
Turned, and hence became stone
To each other, they embraced and acclaimed
We did an excellent job
You did us an excellent job
Our teacher, our philosophical ideologue

I feel, no, I know
The one who bore you, decorated you
Proclaimed you all over the world.
Definitely sunk his head in his hands, poor him!
Definitely shook his head in saddened disbelief.
Goodness! The Guardians I sent, became ruthless to Azimio, my child.

Azimio will not be forgotten
Her ancestor will persecute you.
There will come a day where she shall rise,

Those who kicked her will be kicked.
Without hope, there is no stability,
Without justice, there is no peace.

O Swahili people
You who scaled up to Azimio's shoulders
You rejoice in the breeze of the Indian ocean
Full of fish and resources
You sit on that branch, oblivious
What if her loved ones cut off that tree?

I still love Azimio, my child
I have preserved her picture,
Hidden inside the Bible
Should the millennials see it
They will call me a fool,
Entrenched in dead thoughts

Moses cannot read the signs of the times
Insists on archaic holy books
Each era with its book
This is the era of pacts, not of piety
''Goodbye Declaration'',
'Welcome (self)-Gratification''

II

There are the young,
And others not so young,
Pretending to be young.
Their love for you,
Confused their minds,
They journeyed.

They went far
Far from the port,
Far from the city and the towns.
Engaged themselves in a village,

Near an old town,
The village of M'katani.[3]

They celebrated your forty years.
Had you been alive, you would have been an adult,
Respectable and civil,
With a fascinating profile,
A beautiful body,
Whose mind would've been that of Bernard Shaw
and whose beauty would've is that of Isadora Duncan.

The young listened with love,
To your narrations.
And aspired,
Some deeply,
Others jokingly,
To marry you, right then

In the volumes, a few immersed
Through them they perused
You inside out.
They loved you, they desired you.
They sang fiercely and gently,
'Azimio, Azimio. Azimio come forth,
Let your sweetness come forth,
Let the truth burst forth'.

Impetuous decisions made in the daylight,
Fly off like bats in the night.
The young disintegrated, simply got lost.
Caught in new initiatives, new power and new momentum.
They got drunk in the poison that is youth.
Model Azimio of yesterday, is not the belle of today.

---

3. A village in the suburbs of Kilosa in the eastern Region of Tanzania where the author was born. On 40th anniversary of the Arusha Declaration a group of radical youth went to Kilosa to celebrate it through discussions.

Passion brought forth adversity (troubles),
Power sank out of fashion,
Momentum lost direction
The belle that was admired,
Became the burden to be avoided,
The youth looked on, lost

III

My love, my beloved.
You are turning fifty,
To me it is Jasmin.
You are not to marry the power hungry,
You're not to be touched by hypocrites.
My Azimio is Jasmin, not Yasmin.

My Azimio is Jasmin
That blows remedies, where there is disease,
That illuminates, where there is darkness,
That awakens joy, where there is sorrow.
My Azimio is also known as Hope,
Baptised as Azimio daughter of Hope.

There are pioneering enterpreneurial politicians, who love you excessively[4]
They want to clothe you,
In Calvin Klein's clothes,
Yves Saint Laurent perfumes,
Pants from Wrangler,
and shoes from Angler.

They would decorate you, civilise you,
To pimps of the free market, they would ingratiate you
And their husbands, pirates.
Would get some cents for dowry.

---

4. This is a reference to a political party led by a charsimatic young politician Zitto Kabwe which claims democratic socialism as its ideology.

No! No! No! Mockery of my love ... No! ...
Lord, O' Lord, forgive those who have gone astray.

The entourage and the celebrators,
The retinue hungry for honey,
The undistinguished and mast harvesters
Well, they liken you to the daughter of the King,
Financially funded into powerful positions,
So they keep on drinking the honey, and waving the flag.

Azimio my love,
Another is yet to be born.
Your rare qualities, are not common,
Not sung in dark alleys.
Your qualities are our image,
We the weak, the wretched of this earth

We the weak, the wretched of this earth
Slaves of today, fighters of tomorrow
Azimio is our hope
Azimio is our daughter, our beloved
Will not be decorated, will not be dressed
In a turban of grass, that hypocritically flatters.

Act your changes
Copy your masters
Work for the investors
Wave your flag of charm
Leave to us, our Azimio
Our saviour, our beloved

Azimio is our history, our inheritance
We, the army of the wretched,
We swear before mother earth:
We will love you forever, through our heart.
We will enrich you forever, through our sweat.
We will protect you forever, through our blood.

God bless Azimio
Rest thee well

In revolution
In heaven
In the country
On the Mainland and islands.

With God's grace
Azimio will live forever
Amen! Again, Amen!
Amen, once more and once again!

Yours for ever

Issa Bin Mariam
February 2017

Twiga Katoroka, kajiheshimu
(The Giraffe has escaped, with its respect dignity)

Nimemkosa
Sikumuona.
Akisimama wima,
Kama askari,
Na kiburi chake.

Kwa heshima na taadhima,
Akiimba kwa sauti nyororo:
"Mabibi na Mabwana,
Nawakaribisha kwenye
ndege hii ya Serengeti,
ndege ya Shirika la Ndege la Taifa."

Twiga kakimbia,
Kenda kwao.
Kwao upo?
Mahali pake mkiani
Peupeeeee ….!
Nyeupe ya rangi,
rangi ya ubaguzi.

Ninashindwa,
kumeza.
Mkate na mayai, yao:
Prepared and Packed
in Pretoria.

Nimeinamisha kichwa.
Ninatetemeka kwa aibu.

Nawaona kwa kuibia,
dada zangu wawili,
Wanyonge.
Bila tashi wala tamaa.

*"Here we're,
Carlesberg for you, sir."*
"na…na … naomba Safari."
"Sorry… er…"

Twiga katoroka,
Kenda na heshima zake.
(Kajiheshimu)
Katorokea wapi?
Mbuga zao,
Watalii wao,
Ndege yao.
Kibendera chetu!

*"Jjambo!
Captain Roaming Rogue speaking."*

Buriani Twiga.
Kwaheri za kuonana.
Kama sio kesho,
Keshokutwa.

~~~

The Giraffe has escaped, with its respect dignity

(Twiga[1])

---

1. Twiga, giraffe, was the emblem which adorned the tail of Tanzania's Air Tanzania. Written on the occasion of the privatisation of Air Tanzania to a South African company.

I miss her
I haven't seen her
Standing up straight
Like a soldier
Full of pride

With all due respect
Singing softly:
'Ladies and gentlemen
I welcome you
Onto this Serengeti aeroplane
Of the National Air Company"

The Giraffe has fled off
Gone home
Home, you hear?
On its position at the tailplane
It is all whiiiiiiite.......!
The colour white,
The colour of discrimination.

I can't swallow
Their 'egg and bread':
Prepared and Packed
In Pretoria.

I lower my head
Shaking with shame
I steal looks at them
My two sisters
Humble.
Having neither desire nor wish.

"*Here we're,*
Carlesberg for you, sir."
"*Can…Can … Can I please have a Safari.*"
"*Sorry… er…*"

The Giraffe has escaped
Left with her respect

She respects herself
Where did she escape to?
Their parks
Their tourists
Their plane.
Only the tiny flag is ours!

*"Jjambo!
Captain Roaming Rogue speaking."*

Farewell Giraffe
We shall see each other
If not tomorrow
Then the day after

April 3, 2003

Twiga katua, hewani (The Giraffe has landed, on air)

Twiga katua
hewani.
Uzalendo ukachorwa
mkiani.

Twiga karuka
Dubai
Washingtoni
Pretoria

Geita
Mererani
Rufiji

Kanasononeka
Kanahuzunika
Michozi
Inamtiririka.

'Sina kwangu;
Kwangu hewani,'
Haina jina,
Haina alama
Bila taifa
Bila utambulisho

Miti imekatwa
Misitu imefyekwa.
Mererani ya mashimo.
Rufiji ya mashamba.

Mashamba bila miti
Mashamba ya miwa.
Miwa sio ya sukari.
Miwa ya mafuta.

~~~

The Giraffe has landed, on air

The Giraffe has landed
On air.
Patriotism painted
On the tailplane.

The Giraffe flew to
Dubai
Washington
Pretoria

Geita
Mererani
Rufiji

The little one is melancholic
Desolate
Tears
Streaming.

'I have no home;
Mine is in the air
It has no name
Has no emblem
No nation
No identity

Trees are cut off
Forests mowed.
Pits at Mererani
Farms at Rufiji

Treeless farms
Sugar-cane farms
The canes are not for sugar
The canes are for oil

October 30, 2007

Machozi yakamtiririka (And tears streamed down)

Twiga hakurudi
Karejeshwa
Kwa hela za wananchi
Kwa tashi la wenyenchi.

"Karibuni Selous"
Kawasikia wenzie kwa furaha na raha
Wenzake wa nyumbani
Kasoro rubani.

Kusikia kasikia,
Kuelewa kashindwa
Lugha ya nyumbani
Lafudhi ya kigeni.

Nikaagiza Safari
Lahaula nikaletewa Safari
Tena la kopo,
"Canned in Lesotho

Twiga kanama chini
Kaangazia ardhini
Marafiki zake akina ole Timamu
Wakivuja jasho, machozi yakamtiririka.

Sitaki, sitaki,
Sitaki kuruka
Mnizike kwangu
Nirutubishe majani
Chakula cha nyumbani,
Ladha ya Umaasaini

~~~

And tears streamed down

The giraffe did not return
She was returned
Through the money of the country's subjugated
Through the power of the country's subjugators

"Welcome to Selous"
Full of happiness, she heard her peers
Her very own kith and kin
Except the captain.

She heard
But couldn't comprehend
This language from home
With a foreign accent

I ordered a Safari
Goodness, I was brought a Safari[1]
Actually a canned one
"Canned in Lesotho."

The giraffe bows down
Staring at the earth
Her friends, the likes of Ole Timamu
Sweating, tears streamed down

I do not want, I do not want
I do not want to fly
Bury me at home
So I fertilise the greenery
Home food
With the taste of Maasai land

---

1. Popular beer brand first produced by the nationalised Beer Company

October 4, 2016

Sisi kwa sisi (Between us)

Futeni jazba,
Tupilieni mbali siasa.
Hii ni enzi,
ya Utandawazi.

Fungueni milango,
Kaeni uchi,
Wakaribisheni Waheshimiwa
Ma-nzi, Masiafu, na Mende.
Hii ni sera,
ya Uwekezaji.

Acheni kasumba!
Kuleni mtama,
Kama sio wa kulima,
wa GMOs.
Hii ni 'zesheni,
ya akina-Watio (WTO).

Vueni shuka, na
'Haki ya Mungu'.
Vaeni suti,
Kama sio za wazungu wafu,
Za waafa wa Irak.
Huu ni uchumi,
wa AGOA.

Piga makofi.
Vaa shanga.
Futuru na mbabe,
Mfalme wa dunia.
Hii ni karne,
ya nyota na milia.

Bro', umepitwa
na wakati!

Acha fikra.
Uza mawazo.
Funga tai,
Ufutie jasho.
Andika:
'Milavu Anko Sam',
Upate lapitopi
'mad in usa'.

~~~

Between us

Get rid of anger
Get rid of politics.
This is an era,
of globalization

Open the doors,
Sit exposed
Welcome the Sirs (honorables?)
Flies, ants and cocroaches.
This is the policy,
of Investment.

Stop this brainwashing!
Eat millet,
If not from farmers,
then GMOs.
This is the 'operation'
of WTOs

Take off those sheets
And Nyerere's suit,('Haki ya Mungu'.[1])
Wear western suits,
If not of dead westerners,
Then of the ill-omened of Iraq.
This is the economy,
of AGOA.[2]

Clap your hands.
Wear beads.
Break bread with the giant,
King of the world.
This is the century,
Of stars and stripes

Bro' you are outdated!

Stop reflecting.
Sell thoughts.
Tie a tie,
To wipe sweat.
Write:
'Me love Uncle Sam',
So you get a laptop
'mad in usa'

March 22, 2003

---

1. Reference to colarless suit worn during Nyerere's time.
2. African Growth and Opportunity Act passed by the United States to permit access of African commodities to the American market.

Kill an idea!

you can kill a leader
you can't kill a revolution
you can kill a person
you can't kill an idea
you can bury a man
you can't destroy the soil

October 15, 2017

Read while riding

Read while riding
Read while queueing
Read in the small room
Read in the big room
Read in all rooms
Make room for reading.

December 6, 2018

Writer

writer lives by writing
write to live
live for whom
write for whom
live for what
write for what
write to question living
write to question writing

November 11, 2017

Peace

peace is a hard mistress
she's not flattered
by worship or love
admiration or dedication
you've to fight to win her
you've to fight more to keep her

November 8, 2017

PART V
HOPES AND FEARS

Hope

Years have gone by
Lots of water
Has passed under the bridge
And over it.

Now smooth,
Now serene
On occasions
Turbulent,
And rough,
And rowdy.

Bridge remains
Solid as ever
Standing high and mighty
Battered but not broken

May it remain standing
Stringing our hearts
Sharing our joys and sorrows
In this journey of life,
Of lives.

Masikitiko (Grief)

masikitiko yametanda[1]
machozi yanajikusanya
yanataka kububujika
akili anawasihi
sio wakati wake
hisia anampinga
huna lolote lofa wee
lia, lia

~~~

Grief

Grief has garnered
Tears gathered
Ready to pour
The mind warns
It's not the hour
Sentiment contradicts
You cannot dare, you wretched
Cry, cry

September 7, 2017

---

1. This was written when a Tanzanian member of parliamanet, Tundu Lissu, was shot at by "unknown" people in Dodoma in broad daylight. He survived the murderous attack.

Najidadisi (Self-critical)

mapema nikaamka
nikadaka
mazungumzo kabla ya habari
Tumaini yuko aisiyu (ICU) hoi
madawa ya kununua
bandeji ya kutafuta
mjomba kafariki juzi
shangazi karudi kijijini
maisha magumu wasema hoipolloi hohehahe
nikauliza 'kulikoni?'
nafsi akaninyoshea kidole:
si ulilala usingizi fofofo!

~~~

Self-critical

Early I awoke
And captured
That chit-chat before the news.
Hope is in the ICU critical
Medicines have to be bought
Bandages have to be sought
Uncle passed away the day before
Aunty is back in the village
Life is miserable, lament the penniless
I asked, 'what's wrong?'
My soul pointed a finger at me:
Weren't you in deep slumber!

January 28, 2018

If I were human

If I were human
I'd be humane,
    I'm not,
    I'm sub-
    I'm post-
    I'm pre-.
If I were human
I'd live,
    I'm not,
    I breathe
    I eat
    I smell
If I were human
I'd imagine
    I'm not,
    I intrigue
    I plot
    I conspire
If I were humane
I'd breathe life
in the lifeless
hope in despair
love in the dejected

If I were humane
I'd imagine
I'd dream
I'd fly
I'd glide
I'd live.
    I'm not.....

February 14, 2018

Seize the hour

time's coming
seize the hour
seize the day
let it not pass

January 5, 2018

Salamu za asubuhi (Good morning)

nawasalimu kwa tabasamu
tabasamu za matumaini
kwa neno la wahenga
lililosheheni busara za kale
hekima za leo
mwongozo wa siku zijazo

wahenga husema
hata mawingu manono
yana cheche za radi
yakilipuka yanaunguza
yakitulia yanaangaza

~~~

Good morning

I greet you with smiles
smiles of hope
with a word of wisdom
from the sages
insights from today
guidelines for tomorrow

sages say
even heavy clouds
have sparks of thunder
that burn when exploding
shine when calm

January 5, 2018

Uniimbie (Sing for me)

Uniimbie
Si wimbo
Si shairi
Si utenzi

Uniimbie
Hisia zako na zangu
Hisia za wanaAdamu
Hisia za wavuja jasho na damu

Uniimbie
Ya maisha bora
Yenye ustawi na Utu
Yenye mwanga bila luku

Langu Dua:
Likiwaka jua
Ukiiandama mwezi
Giza litakimbia
Mende zitaparaganyika

~~~

Sing for me

Sing for me
No songs
No poems
No odes

Sing for me
Feelings, yours and mine

Feelings of Adam's children
Feelings of those oozing sweat and blood

Sing for me
Of the perfect life
Welfare and Dignity
Of light without feeding the meter

My prayer:
When the sun is at its height
Or the moon is full
Darkness will retreat
Cockroaches will scamper

January 2, 2018

Hoja (Opinion)

hoja ni hoja
hoja hugongana na hoja
hoja hujenga mjadala
mijadala hujenga muafaka

hoja ni hoja
hakuna mbadala wa hoja
kinyume cha hoja ni jazba
kinyume cha muafaka ni misuguano

amri haijengi hoja
amri ni hulka ya utumwa
amri ni zao la mabavu
mabavu huzaa uhasama

~~~

Opinion

An opinion is an opinion
Opinions collide with opinions
Opinions build debates
Debates build consensus

An opinion is an opinion
There is no alternative to opinions
The opposite of opinion is emotions
The opposite of consensus is friction

command does not build opinions
command is innately slavery

command breeds force
force breeds hostility

December 30, 2017

Nguvu za hoja
(Force of argument)

Karibu sana
Namna ya kushiriki
Ni kurabia mijadala
Bila hofu
Bila wasiwasi
Anayeogopa hoja
Hana hoja
Anayegopa mjadala
Hana mbadala

~~~

Force of argument

You're welcome
Ways of participation
Are joining in debates
Without fear
Without worry
He who fears arguments
Has no arguments
He who fears debates
Has no alternates

December 19, 2017

Fikra mgando (Retrogressive thoughts)

Karibuni! Karibuni!
tutafakari
turutubishe
tupalilie
fikra endelevu
tujikamue tutokane na
fikra mgando

~~~

Retrogressive thoughts

Welcome! Welcome!
Let us reflect
Let us catalyse
Let us enrich
With progressive ideas
Let us rid ourselves
Of retrogressive thoughts

December 15, 2017

Mwaka mpya I
(New Year I)

ninachukua nafasi hii
bila kupewa
ninatumia kisingizio cha mwaka mpya
bila kuficha
kuwatakia kila la heri
maisha mema yenye afia na maadili
maisha ya mapambano
mapambano ya kujenga
jamii bora
jamii yenye haki
jamii yasiyo na dhulma
jamii ya usawa, ubinadamu na utu
Alamsiki

~~~

New Year I

Though not sought to
I dare take this opportunity
With the new year as my pretext
Without reservation
I wish you all the best
Good life full of good health and righteous conduct
A life full of struggles
Of positive struggles
For a better society
A just society

Non-oppressive society
A society that is equal, empathic and humane
Goodnight

December 24, 2017

Mwaka mpya II
(New Year II)

nini kipya katika mwaka mpya
mama ataendelea kubeba kuni kichwani
baba jembe begani
wababe watahodhi mali na mamlaka
wanyonge wataomba haraka ya baraka
rehema zitaendea waheshemiwa
vifua vitakazia waishiwa
mie nitafurahia twiti
nyie mtanipigia switiswiti

~~~

New Year II

What is new in the New Year
Mother will keep on carrying firewood on her head
Father will keep on carrying a hoe on his shoulder
The mighty will hoard wealth and power
The wretched will pray for blessings.
Blessings will continue for the rulers
The wretched will continue to suffer
I will rejoice with my Tweets
You will send me sweet greetings

December 23, 2017

Happy New Year

what's happy, what's new
drones will fly, children will cry
bombs will fall, talks will stall
trump'll trump reason
rojay'll rally treason
sun will rise, night will fall
birds will chirp, babies will slurp
supply'll deflate, prices'll inflate
I'll tweet, you'll retweet

December 23, 2017

Prejudice

when prejudice conquers consciousness,
judgement falters,
rights shy away,
thought is muddled,
justice is murdered

cries are unheeded
"their" children are mangled,
"our" children are pampered,
"their" women are whores,
"ours" are dolls

violence looms large,
humanity is trumped.

December 10, 2017

Niko gizani
(I'm in the dark)

umeme umezimika
vikoroboi vimetupwa
vibiriti vimeibiwa
niko gizani

msinipe pole
tupeane pole
nyumba ni ya sote
baba, mama, shangazi, bibi

marafiki na majirani
wabaya na wazuri
viongozi na wafuasi
mapadre na matapeli

tutafutane, tushirikiane
tupeane mawaidha,
tugawane majukumu

~~~

I'm in the dark

Lights have gone out
Lanterns have been thrown out
Matches have been stolen
I'm in the dark

Don't console me
Each other, let us console
The house belongs to us all
Father, mother, aunty and grandma

Friends and neighbours
The wicked and the desirables
Leaders and followers
Priests and swindlers

Let's cooperate, let's come together
Let's enlighten each other
Let's share obligations

December 4, 2017

Sing for me

sing for me
not a song
not a poem
nor a prose
pretending to be a poem

sing for me
your feelings
my feelings
our feelings
felt feelings

sing for me
your hopes
my hopes
our hopes
for a better future
our common future

December 1, 2017

Nawaza!
(I think!)

nawaza!
mawazo ya wachache
hofu ya wengi
kijiweni wana payuka
ujasiri umeyeyuka
matumaini yamesinzia
ndoto zimetoweka
matamanio yametoroka

~~~

I think!

I think!
Thoughts of the few
Fear of the many
on street corners they babble
bravery has evaporated
hope is dozing
dreams have dissolved
desires have fled.

August 30, 2017

Akili (Intellect)

wazazi wa akili
ni akili
wazao wa akili
ni akili
muasisi wa akili
ni akili
msaliti wa akili
ni akili
akili ni akili
mabaki ni fidhuli

~~~

Intellect

The ancestor of intellect
is intellect
The progeny of intellect
is intellect
The patriot of intellect
is intellect
The traitor of intellect
is intellect
Intellect is intellect
The rest is frivolous

July 30, 2017

Sijachoka
(I'm not tired)

sijachoka kimwili
sijachoka kiakili
sijachoka kutetea walalahoi
sijachoka kuwafikirisha walalahai
sijachoka kuwalaani walalaheri
wewe usichoke

~~~

I'm not tired

My body is not tired
My mind is not tired
I'm not tired of defending the penniless
I'm not tired of conscientising the moneyed
I'm not tired of censoring the moneybags
You too, do not tire

October 22, 2017

Nimechoka? (Am I fed up?)

nimechoka
nimechoka na ubaguzi
nimechoka na unyayasaji
nimechoka na ukandamizaji
popote nikienda
nakutana nazo
nimechoka
Subra pia amechoka

Response to above:

hapana
ukichoka
utapata kiu
utatafuta maji
ukifa utazikwa
utapotea

~~~

Am I fed up?

I'm fed up
I'm fed up with discrimination
I'm fed up with humiliation
I'm fed up with oppression
Wherever I go
They face me
I'm fed up
Patience is also fed up

Response to above:

No
If you tire
Your thirst will aspire
For water to solicit
And once dead
You will be buried
You will fade

mara nalia
(I cry)

mara nacheka
mara nahuzunika
mara nafarajika
mara naota
mara nawaza
mara nafurahi
mara najuta
mara nashangiliwa
mara nazomewa
wahenga mnisaidie
niko wapi, nchi gani
baharini au barani
ardhini au mbinguni
wahenga mnieleze
nasumbuliwa na nani
majambazi au majamedari?

~~~

I cry

I laugh
I am sad
I am comforted
I dream
I think
I am happy
I regret
I am celebrated
I am booed
Help me ancestors

Where am I, what country
At sea or on land
On earth or in the heavens
Tell me ancestors
Who is harassing me
Robbers or generals?

October 21, 2018

Usinipoze hasira (Don't console me)

usinipe pole
usipoze hasira
wache zifurike
zitande kila kona
ulimwenguni
moyoni na mbinguni
hatimaye uzunguni

~~~

Don't console me

Don't calm my anger
Let it spill over
And spread all over
in every corner
of the world
In every heart and heaven
Ultimately in the metropolis

November 17, 2017

Chunguzeni maradhi
(Investigate the disease)

nimechoka na maradhi
daktari wa kisasa ameshindwa
mganga wa kienyeji amesalimu amri
viongozi wa kiroho wamenikana
hawahusiki na afya
kazi yao ni kutibu roho
nimeshauriwa nimuone daktari bingwa
ninasita
je akinichunguza mie
badala ya maradhi!

~~~

Invesitgate the disease

I am tired of diseases
The modern doctor has failed
The traditional doctor has capitulated
spiritual leaders have disowned me
they are not concerned with health
Their job is to treat the soul.
I am advised to see a consultant,
I hesitate
What if he investigates me
instead of the disease!

April 6, 2018

Lugha ya ukimya (Language of silence)

Kuna ukimya na ukimya
Kuna ukimya wa busara
Kuna ukimya wa kutia hasara
Kuna ukimya wa uoga
Kuna ukimya wa kupanga
Kuna ukimya wa hofu
Kuna ukimya wa kutarajia dafu
Kuna ukimya wa mkakati
Kuna ukimya wa wakati

Kupanga ni kuchagua
Kuropoka ni kujiponza

Kuna lugha na lugha
Lugha ya kutusi
Lugha ya kusifu
Lugha ya kupendeza
Lugha ya kujipendekeza
Lugha ya kuimba
Lugha ya kuvinda
Lugha ya kuchambua
Lugha ya kutumbua
Lugha ya kifumbo
Lugha ya kitumbo
Lugha ya kufarajisha
Lugha ya kutisha

Mfumbo unakufikirisha
Tumbo linakudhalalisha

~~~

Language of silence

There is silence and silence
There is the silence of wisdom
There is the silence that results in loss
There is the silence of fear
There is the panned silence of planning
There is the silence of fear
There is the silence waiting for a break
There is the silence of the strategy
There is the timely silence

Planning is choosing
Blabbing is jeopardising

There is language and language
Insulting language
Praise language
Beautiful language
ingratiating language
Singing language
Hunter's language
Criticising language
Disemboweling language
Metaphorical language
Accumulating language
Refreshing language
Scary language

Riddles make you think
The stomach humiliates you

January 9, 2019

Stand up!

Bravo! Bravo!
Stand up! Stand up!
Stand up for your rights
Stand up for your dignity
Stand up, fight the might
Of the bully.
Tumedhalilishwa ya kutosha
Tumeonewa ya kutosha
Sasa basi, sasa basi
Tunataka mapinduzi
Turejeshe heshima zetu
Turudishe Utu wetu

December 21, 2017

~~~

Stand up!

Bravo! Bravo!
Stand up! Stand up!
Stand up for your rights
Stand up for your dignity
Stand up, fight the might
Of the bully.
Enough humiliation
Enough oppression
Enough is enough
Now we want a revolution
To regain our respect
To reclaim our humanity

December 21, 2017

Njoo 2019, njoo (Come 2019, come)

Uhuru kolea
Haki tandia
Usawa karibia
Ubaguzi torokea
Udikteta fokea
Demokrasia furahia

***

Nawatakia kila la heri
Muepuke na shari
Furahieni samaki ya bahari
Ya nini kutamani kontena ya bandari?

***

Issa Bin Mariam anawaombea
Afya njema
Usomaji mwema

~~~

Come 2019, come

May freedom be well flavoured
Rights well spread
Equality welcomed
Discrimination decamped
Dictatorship rebuked
Democracy embraced

***

I wish you all the best
Avoid all evil
Enjoy the fish of the sea
Why desire containers upon the sea?

***

Issa Bin Mariam prays for you,
Good health
Happy reading.

Bendera-mbili zangu (My two flags)

sio za dala($)wala dola
sio za nguvu wala mabavu
sio za ushindani wala ushirikina

Bendera-mbili zangu ni
za urafiki na upendo
za mshikamano na muungano
za kutaniana na kufarajiana

Bendera-mbili zangu ni
za moyo, sio uchoyo
za raha,sio karaha
za roho,sio porojo

~~~

My two flags

Are neither of the dollar nor the state
Neither of coercion nor of force
Neither of competition nor of sorcerery

My two flags are
Friendship and love
Solidarity and unity
Humour and comfort

My two flags are
From the heart and not greed
Pleasure and not discomfort
From the soul, not idle chat

October 11, 2018

Sauti ya unyonge haizuiliki
(The cry of the oppressed can't be suppressed)

Sauti ya unyonge
Haizuiliki
Inaimba, inatunga, inatanda
Majamvini na vijiweni
Haizuiliki.
Niite upendavyo
Mchizi, muflis, fukara
Magazetini, radioni, jukwani
Sauti ya unyonge
Haizuiliki.
Mafuriko, moto, dhoruba
Hayazuiliki
Yanatikisa ardhi
Yanatetemesha mbingu
Hayazuiliki.
Utenzi wa unyonge
Unadunda
Unaishi moyoni
Unasumbua kuchwani
Unalipuka jukwani
Hauzuiliki.

~~~

The cry of the oppressed can't be suppressed

The voice of the oppressed
Is unstoppable
It sings, it composes, it spreads
On verandas and in public corners
Unstoppable
Call me what you may
Crazy, broke, pauper
In your papers, on your radios, in your rallies
The cry of the oppressed
Is unstoppable
Floods, fire, hurricane
Is unstoppable
Tremours of the earth
And roars of the heavens
Are unstoppable
Prose of the oppressed
Their Pulses
Live in the heart
Linger in the mind
Explode on the stage
They're unstoppable

February 18, 2018

Huzuni (Sorrow)

Huzuni imetanda
Ya nini?
Vifo vipo
Ni kawaida
Ajali zipo
Ni kawaida
Ubabe upo
Ni kawaida
Ukandamizwaji upo
Ni kawaida
Mateso yapo
Ni kawaida
Huzuni ya nini?
Haieleweki
Haielezeki
Huzuni imetanda.

~~~

Sorrow

Sorrow envelopes
Why?
Deaths exist
It is normal
Accidents exist
It is normal
Intimidations exist
It is normal
Oppressions exist
It is normal

Persecutions exist
It is normal
Why the sorrow?
Incomprehensible
Unexplainable
Sorrow envelopes.

March 17, 2019

PART VI
ON SOUTH AFRICA

Ubaguzi wa ukaburu (Apartheid in the Boerland)

nimeona
nimeshuhudia
nimeonana uso kwa uso
nimeteseka
nimesononeka
nimekosa ujasiri
wa kudadisi
ubaguzi wa ukaburu
uko hai
uko salama

~~~

Apartheid in the Boerland

I saw
I witnessed
Confronted face to face
I suffered
I grieved
I had no courage
I dared not question
Apartheid in boerland
Is alive
Is kicking

October 15, 2017

Serene and obscene

see the beauty of the world of nature[1]
the sea so serene and solemn
palm trees standing tall and proud
the occasional bird flying high
effortlessly gliding in the blue sky
the sun creating silhouette on grand President Hotel
an occasional marvel of human architecture too

II

see the world of humans
fighting and massacring
plundering and pillaging
devastating nature and toxicing it
but there too is a silver lining
a working man in India using his motorbike as free ambulance
a refugee Rohingya woman adopting orphans
committed intellectuals all over unassumingly fighting against injustices
amid the counsel of silence and protection of self-interest

III

this is our world.
this is the only world we have
there is none other to pray and plead to
this is the world which we have to better
so long as we breath
remembering always
as individuals our breaths are finite
as a collective we keep breathing indefinitely.

---

1. Early morning watching the Atlantic Ocean from the vantage point of posh Sea point area in Cape Town.

Colourconscious

Tell me friends
Is it a sin
To attend a funeral
Of a neighbour
Whose chest has red in it
Different from the green badge
I wear on my chest?
Tell me friend, please,
Before they kill me
And find out that my chest
Harbours red in it.

(Inspired by Richard Mabala)

March 27, 2018

Anguish at Sea Point

Red rose, pink rose,
What's in a name, they say.
The rose smells the same,
by whatever name.

Yes, indeed!
Living apart (apartheid), living alongside (post-apartheid),
(Where a few live, many exist.)
What's in packaging, branding, naming.
The shit stinks the same,
however perfumed.

Forgive me friends,
I'm only a guest.
Not from Europe, but from Africa.
Where Kwame's and Mwalimu's words,
are itched in our hearts:
So long as an inch of Africa lives under unfreedom,
the rest of Africa cannot breathe freedom.

What's in borders, they said.
Africa is one,
Africa is the same.
Binadamu wote ni sawa, Afrika ni moja.

What more can I say, comrades.
Except affirm my loyalty,
to Amilcar's solemnity:
So long as imperialism exists,
independence can only mean,
the national liberation movement in power.
Nkosi sikelel' iAfrika, Mungu ibariki Afrika.

Issa Bin Mariam
Sea Point, *September 28, 2017*

Ya Ujiweni na Ukaburu (Of Homeland and Boerland)

Nikafungasha vitabu na vikaratasi
Kuelekea ukusini mwa bara langu
Nikiwa na matumaini muruwa
Matarajio tele
Nikatua OR Tambo
Zikafyatua kumkumbu za Morogoro na Kongwa
Kambi za Chris Hani, Samora Machel, Sam Nujoma
Na wimbo pia 'chinja chinja – chinja makaburu'

II

Nikaona mengi, nikahisi uchungu tele
Nikashuhudia dhambi za kale
Zikivishwa sare za leo
Moyo unadunda, akili inashindwa
Amani inakataa kurejea
Natamani nimuone Mzee wetu Mzee Madiba
Kulikoni Mzee wa ukombozi
Nimhoji nimdadisi
Unaweza kweli kujenga ujiweni
Kwa matofali ya ukaburu?
Hatimaye namuona mzee Madiba, ndoto imetimia
Amesimama vima, amesimama imara
Kavishwa shati la kitenge, rangi ya kifalme
Vitoto na vizee vikishika mkono wake
Wanapigana picha, wakipapasa midevu yake
Sanamu mbele ya duka
Duka la bidhaa, duka la 'Out of Africa'
Mzee wangu amebidhaifishwa
Waafrika wamefedheheshwa

Yanini kumuuliza
Sanamu haitikii, ndio jibu lenyewe

III

Wahenga husema
Hata mavingu manono
Yana cheche za radi
Yakilipuka yanaunguza
Yakitulia yanaangaza

~~~

Of Homeland and Boerland

I packed books and notes[1]
Heading south of my continent
Full of high hopes
Great expectations
I landed at OR Tambo
And out shot memories of Morogoro and Kongwa[2]
Camps of Chris Hani, Samora Machel, Sam Nujoma
And the song too: 'rout rout – rout the boers'

II

I saw a lot, agonised a plenty
I witnessed the sins of yesterday
Dressed up in today's suits
Heart pumping, brain defeated
Peace refuses to return
I long to see our elder, our Mzee Madiba

---

1. Reference to South African apartheid. During this time the author was visiting South Africa.. This was written while sitting at the Johannesburg airport in front of the shop 'Out of Africa' where there is Mandela's statute.
2. These were places in Tanzania where liberation fighters from the South had their training camps.

What's happening O liberator
So I question and query him
Can you really build 'home'
Using the bricks of apartheid?
Lo! Behold, I see Mzee Madiba, the dream is fulfilled
Standing still, standing strong
Dressed in Kitenge, in royal colours
The young and the old holding his hand
Taking photos, caressing his beard
A statue in front of a shop,
a merchandise shop, 'Out of Africa'
My elder has been commercialised
Africans have been humiliated
Why? I ask him
A statue doesn't respond, that is indeed the answer

III

Sages say
Even heavy clouds
Have sparks of thunder
burn in explosion
Shine in calmness

November 26, 2017

Zimbabwe

they say they waited for 18 eighteen years[1]
'for justice' they say
the white world clamored for them.
I waited for justice for 180 years
no one cared
the white world connived
the red world kept mum.
I took justice in my hand
reclaimed my land
the white world came down on me
the red world kept mum.
I don't care.
I've put down the white bible
and picked up the red gun.
never again will I kneel down
never again will I bow down

January 18, 2018

---

1. This comment followed the overthrow of the former President Mugabe of Zimbabwe and assumption of power by Mnangagwa who promised to settle the issue of compensation

Author and translator biographies

Issa Shivji was born in central Tanzania and grew up in Kilosa and Dar es Salaam. He graduated from the University of East Africa in 1970 and immediately joined the Faculty of Law, University of Dar es Salaam where he was professor of law until his retirement in 2006. From 2008 to 2013 he was the first Mwalimu Nyerere Professor of Pan-African Studies at the University. He has published over a dozen books and numerous articles. His first book was *Class Struggles in Tanzania* (1976) followed by *Law State and the Working Class in Tanzania* (1986) and *The Concept of Human Rights in Africa* (1989). Drawing on Amilcar Cabral, Walter Rodney and Antonio Gramsci, his more recent work has focused on developing the concept of working people as the motive force of revolutionary transformation in Africa and building of counter-hegemonies to face times of political crisis.

Ida Hadjivayanis, the translator, earned her PhD in Translation at SOAS University of London where she currently lectures on Swahili and Translation. She is the Swahili translator of Alice's Adventures in Wonderland- *Alisi ndani ya nchi ya ajabu* (2015) and is currently involved in the production of the first Anthology of Swahili Translations. Her interests lie in Swahili language, literature and Translation, language and identity, and the East African Diaspora. Her recent publications include *Integration and Identity of Swahili Speakers in England : Case Study of Swahili Women in Translocal Connections across the Indian Ocean : Swahili Speaking Networks on the Move*, Brill, 2018.

Other titles from Daraja Press

Available from https://darajapress.com

Dictators as Gatekeepers for Europe: Outsourcing EU border controls to Africa, by Christian Jakob & Simone Schlindwein. ISBN print: 9781988832272

Silence Would Be Treason: Last writings of Ken Sara-Wiwa (Expanded 2nd Edition), edited by Helen Fallon, Ide Corley, Ken Saro-Wiwa, & Laurence Cox. ISBN print: 9781988832241

Jackson Rising: The Struggle for Economic Democracy and Black Self-Determination in Jackson, Mississippi, edited by Kali Akuno & Ajamu Nangwaya. ISBN print: 9780995347458

Finding a Voice: Asian Women in Britain (New and Expanded Edition), by Amrit Wilson. ISBN print 9781988832012

October 1917 Revolution: A century later, by Samir Amin. ISBN print: 9781988832050

The Enduring Relevance of Walter Rodney's 'How Europe Underdeveloped Africa, by Karim Hirji. ISBN print: 9780995222397

Cradles: Poems, by Salimah Valiani, ISBN print: 9780995347496

Oil Politics: Echoes of Ecological Wars, by Nnimmo Bassey. ISBN print: 9780995223311

And many more … see https://darajapress.com

www.ingramcontent.com/pod-product-compliance
Lightning Source LLC
Chambersburg PA
CBHW071237070526
44583CB00017B/2227